小学数学+ 生活融合实践研究

主编▶ 谭晓泉 陈 英

重庆大学出版社

图书在版编目（CIP）数据

小学数学+生活融合实践研究 / 谭晓泉，陈英主编
.--重庆：重庆大学出版社，2022.6
ISBN 978-7-5689-3206-6

Ⅰ.①小…　Ⅱ.①谭…②陈…　Ⅲ.①小学数学课—
教学研究Ⅳ.①G623.502

中国版本图书馆CIP数据核字（2022）第075670号

小学数学+生活融合实践研究
XIAOXUE SHUXUE + SHENGHUO RONGHE SHIJIAN YANJIU

主编 谭晓泉 陈 英
策划编辑：范 琪

责任编辑：李定群　　版式设计：范 琪
责任校对：王 倩　责任印制：张 策

*

重庆大学出版社出版发行
出版人：饶帮华
社址：重庆市沙坪坝区大学城西路21号
邮编：401331
电话：（023）88617190　88617185（中小学）
传真：（023）88617186　88617166
网址：http://www.cqup.com.cn
邮箱：fxk@cqup.com.cn（营销中心）
全国新华书店经销
重庆升光电力印务有限公司印刷

*

开本：720 mm×1020 mm　1/16　印张：7　字数：112千
2022年6月第1版　　2022年6月第1次印刷
ISBN 978-7-5689-3206-6　定价：49.00元

编委会

序言

一、为什么要强调数学与生活融合

学科课程是以学科知识为基础、以学科逻辑为主线建构的。其优点是方便知识的传授和快速获得间接经验；其缺点是学科与学科和生活割裂。生活经验是通过实践获取的直接经验，是以学生兴趣和需求为基础、以心理逻辑为主线建构的。其优点是灵动，具有生命力，容易被学生接纳，内化；其缺点是不系统、不连贯，甚至是狭隘、错误的。

教育家陶行知先生提倡生活化教育。著名教育学家杜威说，教育即生活，即生长，即经验改造。回归生活是新课程的生长点。《义务教育数学课程标准（2011年版）》指出，数学来源于生活，并应用于生活。数学知识本身就是生活经验的提炼与抽象，从品格养成角度看，小学生正处在了解生活、认知生活，形成世界观、人生观和价值观的关键时期，如果教育只强调数学知识，会让学生亲近了数学、远离了生活，走向技术理性，甚至造成人格扭曲；从学习成效角度看，只有与日常生活联系紧密的东西才更容易被学生接受和理解。

长期以来，学科课程呈现给学生的多是知识的结构，没有发挥生活经验对数学探究的促进作用，导致学生对数学学习感到枯燥无味，探究无热情、无深度。对数学知识来自哪里、怎样在生活中应用关注不够，没有打通数学学科与生活的联系，导致学生学死知识、死学知识。数学学科课程与生活课程割裂，学生的必备品格和关键能力无法养成。推进数学学科与生活双向融合是大势所趋。生活经验就像一颗种子或幼苗，学科知识就像肥料或营养，二者缺一不可。失去营养和肥料，幼苗不可能长成参天大树；没有种子和幼苗，学科就失去了根。只有将学科知识与生活经验有机融合，让生活经验融入学科思想和方法变成真正面对现实问题的一种生存智慧。

二、怎样让数学学科与生活双向融合

1. 让生活走进数学

小学生的思维特点是以形象思维为主，他们的年龄、经验决定他们获得的绝大部分数学知识是在对具体形象事物的感受、感知的基础上逐步抽象出来的，从而形成概念。这就告诉我们，小学生需要在生活实际中进行数学抽象，在抽象过程中认识数学知识和渗透数学思想。著名心理学家皮亚杰指出，只有要求儿童作用于环境，其认识发展才能顺利进行。只有当儿童对环境中的刺激进行同化和顺应时，其认识结构的发展才能得到保障。这就是说，从学生生活出发，从学生平时看得见、摸得着的周围事物开始，在具体、形象的感知中，学生才能真正认识数学知识。例如，整数的四则混合运算，学生第一次接触 12+8×3 这类题目时，为什么要先做乘法，再做加法，教师是直接把运算顺序告诉学生，还是让学生在现实生活中抽象概括，其效果不大一样。在教授这一内容时，可分 3 步进行教学：

（1）展示生活情境，出示 1 个标价 12 元的铅笔盒和 1 本标价 8 元的书，询问这两样物品多少钱；然后又出示 2 本书，标价也都是 8 元，询问现在这些物品多少钱。学生列式是 12+8+8+8 或 12+8×3。

（2）讨论"12+8×3"怎样算。有的学生说先算 12 与 8 的和，再乘以 3；有的说先算 8 与 3 的积，再加上 12。经过讨论，当学生意见趋于统一时，有相当一部分是根据结果推算运算顺序。教师立即追问为什么先算 8 与 3 的积，请根据具体事例说明。最后学生搞清楚在计算两种不同的物品的总价时，首先要分别知道书和铅笔盒各多少元，然后再计算它们的总和。

（3）在学生初步理解的基础上，教师不急于讲解运算顺序，而是又一次组织学生讨论交流平时生活中购买两种物品的情境和计算总价的方法，在具体事例中，让学生抽象概括四则混合运算的顺序。

2. 让数学走向生活

著名教育家陶行知先生就教育与生活的关系指出，"行是知之始，知是行之成"。它表明了"行—知—行"这一辩证唯物主义的认识论观点。系统论的反馈原理认为，任何系统只有通过信息反馈才能实现有效的控制。学生能在实际生活中抽象出数学知识，理解数学思想，对于学生学习而言仅仅是了解事物的一个方面；把这些

数学知识运用到生活中，会用数学观点和方法认识周围的事物，并能解答实际问题，这是另一个重要方面。例如，在学生学习了统计图表后，教师安排一个课后作业，让 3～4 个学生组成一组，利用课后，到某路口收集某一时刻交通工具的客流量，然后制成一张统计表。第二天，一张张学生自己收集的统计表呈现在教师眼前。更为可贵的是，有一组学生别出心裁，去收集行人、自行车、助力车遵守交通法规与违规的信息。卢梭认为，通过儿童自身活动获取的知识，比从教科书、从他人学来的知识要清楚得多、深刻得多，而且能使他们的身体和头脑都得到锻炼。

我们认识到，教育即生活，课程也是生活。学科课程不是为生活做准备，学科课程就是生活本身。学科课程与生活课程双向融合，需要教师具有培养"整体的人"观念，促进学生品格和能力协调发展，帮助学生在人与自然、人与社会、人与自我的探究中建构自己。培养"整体的人"不是将学科知识简单叠加，而是要求教师有整合思维，打破学科界限，将数学学科与其他学科融合，将数学学科课程与生活融合，形成对学科、生活和自身的整体认知、全面理解与把握。

编者

2022 年 1 月

目 录
CONTENTS

第一章 数学教育与生活融合的必要性阐述

一、数学与生活融合是学校发展的要求

（一）数学与生活融合，是学校"生活教育"的重要实践

学校特色是一所学校的生命力所在。一所学校如果没有特色，也就没有发展优势。学校特色不仅是学校可持续发展的基础，还影响学生的成长和教师的发展。例如，玉带山小学在承担学校教育共性的基础上，主动探索与创造，通过26年教育教学改革创新实践的系统总结，学校以陶行知生活教育思想为指导，开展"生活教育"的校本实践。以国家课程为依据，以"生活融合"为路径，通过创新性、序列化、开放式设计，构建了小学"生活·融合"的课程体系，确立了"从课程走向生活，从生活走进课程"的课程理念，形成了以国家课程校本化实施的"学科融合生活课程"和校本课程特色化实施的"生活融合学科课程"的课程体系，提出了"五位一体"的教学方式，明确了"老师、家长、学生、社会公众"为课程主体，建立生活情境下"1+1+1"学生学业评价体系，让生活走进全序列课程，让课程走向全维度生活，推动生活与课程的深度融合、无缝连接，让学生知行合一，以期实现"让学生成为生活和学习主人"的教育目标。

数学作为国家课程的重要组成部分，学校在全面落实数学课程方案和课程标准的基础上，积极探求数学与生活融合的校本化建设新路径。在"生活教育"的指导下，学校组织数学学科教师对学校现有的数学课程和教材进行梳理，充分挖掘数学课程中对学生发展有价值的生活资源和生活要素，查找所有年段数学学科与生活要素的联结点和可整合点，根据不同年段学生的身心发展特征、数学学段目标以及学校所处地区的资源条件，将数学与生活相融合，使数学教育紧密联系生活，让学生更好地理解数学。同时，也充分实践了学校"生活教育"的课程理念，推动学校课程体系的特色化、序列化发展。

（二）数学与生活融合，是学校数学教学的活力资源

《义务教育数学课程标准（2011年版）》（简称"课程标准"）指出，数学

与人类发展和社会进步息息相关，随着现代信息技术的飞速发展，数学更广泛应用于社会生产和日常生活的各个方面。数学是一门同时具备抽象性、逻辑性、直观性、工具性及应用性的学科，义务教育阶段的数学教育，需要充分考虑学生身心发展规律和认知规律，特别是低年级段的学生，还不能很好地理解数学中抽象的概念，还不能很好地把握规律性的东西。因此，无论是课程内容还是教学呈现形式或现实的数学教学活动，都要尽可能地贴近学生的生活，从学生的实际生活中提取教学素材，并加以启发和引导，让学生感悟这些概念和规律是从日常生活中的数量和数量关系、图形和图形关系中抽象出来的。

当前，大多数学校的数学教育存在单一化、封闭化、枯燥化的问题，受到升学压力的影响，数学课堂内容单一只局限于解决数学本身的问题，以及针对考试内容的习题练习，忽略了数学知识的形成和发展以及数学题背后的数学思想和方法，不注重数学与生活的联系。长此以往，这样的数学课堂容易造成学生不愿意学习数学，被动地接受数学教育的情况。同时，学生也没有获得将数学知识运用到实际生活的能力，从而无法感受到数学的魅力。

因此，无论是数学知识的学习还是数学练习的巩固，都需处理好直观与抽象的关系，以及生活化、情境化与知识系统性的关系。数学教育与生活的融合就是结合课堂教学内容，捕捉生活中的数学现象，挖掘数学知识在生活中的内涵，让学生感受到数学学习是他们成长过程中的一种自觉的生活需要。这样的数学课堂，也会给学校的数学教学注入源源不断的活力。

二、数学与生活融合是教师能力提升的要求

（一）数学与生活融合，有利于提升教师数学专业素养

"教师对课程的理解与参与是推行任何一项课程改革的前提，他们的行动最终决定着课程实施的走向。"教师数学专业素养的高低是影响数学教育与生活相融合有效进展的关键要素之一。教师在将数学与生活融合的过程中，要熟悉并理解新课标教学指导纲要，树立数学生活化理念，构建整体性的数学与生活融合的知识结构体系，对教材中的教学内容进行适当的调整、挖掘，把生活中的鲜活题材引入数学课堂，使教学内容紧密结合学生身边的事物。同时，数学与生活具有

综合化、融合化的趋向，包含了科技与人文的方方面面，教师在将数学教育与生活融合时，会不自觉地关注生活与科学、自然、技术、社会及人文之间的关系，这就自然打破教师的教育教学理解局限，促进教师的不断学习以及跨学科、跨领域拓展，开阔教师的视野，促进教师的数学专业素养和综合能力。

（二）数学与生活融合，有利于提升教师课程融合能力

在数学与生活融合的过程中，教师担任着重要的角色，他们是数学教育与生活融合的参与者、合作者、引导者和实施者。要保证数学教育与生活融合达到一定的效果并保持持续的良性发展，一方面要求教师具有将数学教育与生活融合的主动意识，另一方面要求帮助教师拥有使数学教育与生活整合的能力，教师能够寻找到数学教育和生活的契合点，并使二者的融合显得自然，能够产生效果。因此，数学教育与生活融合不仅需要教师拥有良好的数学专业素养，还有利于教师对数学教育与生活融合在技术层面上获取熟练的整合能力。在将数学教育与生活融合的过程中，教师要在备课环节根据内容和实际，捕捉生活现象，寻找生活中的数学素材，明确哪些生活资源和生活素材能够与数学教育融合，以及如何在数学课程教学中运用这些生活素材和生活资源，能够根据自己的数学课程教学内容，结合学生的生活实际、自身教学特点，正确认识和理解生活资源和生活要素在数学教育中的价值和作用；在课程内容组织上，不仅仅将生活实践作为数学教育的附属品，而是采用多样性和动态性的组织方式对内容进行融合，在原有学科课程内容中找到恰当的生发点，加以进一步的引申与拓展，使之与生活实践相结合，使原有学科课程内容的学习与生活实践的学习成为前后衔接的自然过程。因此，数学教育与生活融合的过程也是教育课程整合能力不断优化、不断创新的过程。

三、数学与生活融合是学生成长的要求

（一）数学与生活融合，有利于激发学生学习兴趣

激发学生的学习兴趣是《义务教育数学课程标准（2011 年版）》中提出的数学课堂教学中需要做的事之一。但是，由于数学课程内容是人们在长期数学活动中加以总结的成果，学生在课程中学习数学是以教材和老师的讲授为中介来获得前人已形成的数学知识，这种存在方式一方面使学生在既定的计划、目标下通过教师的组织教学，在有限的时间内系统学习人类长期积累下来的数学知识，另一方面教师讲授是保证间接经验为学生所接受和理解的重要条件，客观上就容易形成以教师、课堂为中心的局面，容易忽视学生个体的直接经验在学习中的作用，这两方面的影响都是造成学生课堂学习积极性不高、对课程不感兴趣的原因。因此，课程标准中指出，要改变课程内容"过于注重书本知识的现状，加强课程内容与学生生活以及现代社会和科技发展的联系，关注学生的学习兴趣和经验"。

将数学教学与生活实际融合，激发学生的兴趣，把书本知识的间接经验通过学生联系自己的生活实际，在多样化的数学活动中积累自己的经验才能真正理解其数学意义。同时，学生自己再主动联系生活实际，发展直接经验，具有主动面对生活和社会去拓展自我直接经验的能力，这正是数学学习的发展目标。教师把教材中缺少生活气息的题材改变成学生感兴趣的、活生生的实际情境问题，使学生主动投入学习活动中，让学生发现数学就在生活中，生活中处处离不开数学，从而激发学生学习数学的热情和动力。

（二）数学与生活融合，有利于促进学生可持续发展

课程标准中明确指出，义务教育阶段的数学教育是学生接受数学教育的奠基阶段，它不应是"毕其功于一役"的教育，而应是"风物长宜放眼量"的教育。可持续发展的教育必须遵从儿童的心理发展应有的阶段性规律，循序渐进，逐步提高，尤其要处理好学生的可接受性与数学的严谨性、抽象性之间的关系……可持续发展的教育是生动的，蕴涵丰富发展动因的。数学课程的动因可来自数学内部，也可来自数学的外部（如现实背景的趣味性与丰富性、应用环境的多样性、问题解决的挑战性等），还可来自教学实施中教师有针对性地创设具体的生活实际情境。因此，结合生活实际创设教学情境，使学生感到学习材料与生活的贴近，在逼真的问题情境中唤起学生思考的欲望，展开自主探究的过程，让教师与学生共同"创生"，让学科走进生活，在现有知识中挖掘生活要素，让生活走向学科，在生活中形成技能，提高学科能力素养，将生活情境数学化，将数学知识生活化，让学生更容易理解、更容易弄懂和融会贯通，从而促进学生的可持续发展。

第二章 数学学科与生活融合策略

《义务教育数学课程标准（2011 年版）》中指出，数学是人类文化的重要组成部分，数学素养是现代社会每一个公民应该具备的基本素养。也就是说，随着数学在各领域的广泛应用，对公民的数学素养提出了新的要求。与过去突出强调数学的抽象性和严格性相比，近年来，教育生活化应用在不断普及，引起了一线教师的重视，教学与生活融合的教学策略也在逐步完善。但是，部分教师对教育生活化的认识存在一些误区，如"伪生活化"或"过度生活化"等，这些都不利于发展学生的数学素养。我们采用生活化教学方式目的在于降低小学生对数学抽象知识的理解难度，引导学生使用数学思维来观察生活，发现并解决问题，进而了解数学知识的应用价值。可见，"数学化"和"生活化"不应是独立或矛盾的，而应是相辅相成的。因此，我们应追求的是两者的融合：将学生生活与数学教育紧密联系，发挥生活在教育中的作用；让数学知识服务于学生生活，促进教学质量的提升，即"数学—生活"双向化。

学生在进入一堂数学课的学习之前，并不是"一张白纸"，而是带着"知识基础"和"生活经验"进入课堂的。因此，教师要引导学生将数学知识与生活经验有效地联系起来，感受数学与生活的联系，从而激发学习数学的兴趣。在贴近生活的数学情境中，去观察、探索、思考、反思，建立起通往数学知识结构的桥梁，发展数学化的能力，丰富已有的数学现实。同时，学生用数学知识、数学思维去解释或解决生活中的实际问题，体会数学学习价值，在解决实际问题的过程中，又发现新的数学问题，提升自身的数学素养。总而言之，数学与生活的融合应是一个"生活—数学—生活"循环往复的动态过程，是一个螺旋上升的发展过程。为了更好地做到数学与生活相融合，可采取以下 3 个策略：

一、感受数学文化

数学不仅是一门科学，也是一种文化。教师应带领学生进入数学领域，感受数学魅力，接受数学文化的熏陶，从数学的眼光去观察世界，用数学的思想去解决问题，让学生在不知不觉中建立起数学与生活之间的联系。因此，小学数学与生活融合的教学策略从以下两点作思考：

（一）数学与生活融合的教学目标设计策略

1. 分析学情

学生进入数学课堂的起点有已有的数学现实和日常生活经验，还有学习能力、学习需求等，教学设计必须基于对学生情况认真分析的基础之上，才能确定出更贴近学生发展的教学目标。

2. 分析教学内容

分析教学内容的目的是明确"教什么"和"怎么教"，教师要从宏观和微观上整体把控。在此基础上，研究本课时的教学资源开发，思考是否能在学生熟悉的现实生活中找到贴合本节课学习内容的原型，要符合数学与生活融合的真实性和科学性。

（二）数学与生活融合的教学课程实施策略

1. 引入新知环节

在新课引入时，将生活素材和教学内容相融合，不是绝对地将数学等同于生活，而是合理、有效地创设生活化的数学问题情境。这样，不仅使数学课堂更贴近日常生活，也能使学生有身临其境的感受，从而激发学习兴趣，轻松愉悦地接受新知。

2. 探究新知环节

仅仅让学生感受数学来源于生活是不够的，还应经历生活数学化的过程，即将生活问题提炼为数学问题，引导学生数学化地思考、探究问题解决的方法，尝试数学的语言化符号表达，积累自己的数学活动经验。

3. 运用新知环节

大多数教师能在"引入新课"和"例题教学"环节中注重数学与生活的融合，但在课后练习和作业布置环节并没有与数学充分融合。数学的来源和归宿都应有效地与社会生活融为一体。新课教学后，还应设计不同层次、不同类型的实际问题，让学生在运用所学知识解决这些问题的过程中，提高分析数学问题、解决数学问题的能力，感受数学学习的价值与乐趣。

数学与生活的融合不仅能让学生认识到生活中处处有数学，营造一个自由轻松的学习氛围，还能促进学生探索意识和创新意识的形成，增强数学的应用意识。

这样的数学课堂不是枯燥乏味、抽象难懂，而是平易近人、朝气蓬勃，能更有效地激发学生的好奇心和求知欲，欣赏数学之美。

二、增加数学活动

《义务教育数学课程标准（2011 年版）》中指出，数学活动经验的积累是提高学生数学素养的重要标志。帮助学生积累数学活动经验是数学教学的重要目标，是学生不断经历、体验各种数学活动过程的结果。学生在"动手操作"的"反思"过程中对问题进行猜想与探究，经历数学的发展过程，独立思考、合作交流，逐步积累数学活动经验，感悟数学思想。

三、教师注重自我提高

学生是学习的主体，学生虽然有一定的生活经验和知识基础，但学生的认知是有限的，教师作为学习活动的组织者、引导者，必须正确认识数学和生活的关系，要将真实、形象、科学的生活情境应用到数学课堂上。为此，教师要提高认识问题的能力和教学设计能力，首先要深刻理解数学与生活融合的相关理论，有效掌握数学与生活融合的教学目标，积极矫正教学观念，端正教学态度，充分收集生活素材，选择能真正促进学生数学思维发展的素材，让学生能增长生活见识，学会用数学的素养观察世界、教学的思维分析世界、数学的语言表达世界。

第三章　数与代数生活化学习实施策略

第一节　数与代数和生活融合的必要性

著名的德国数学家菲利克斯·克莱因（Felix Christian Klein）说，数学是一种精神，一种理性的精神。正是这种精神，激发、促进、鼓舞并驱使人类的思维得以运用到最完善的程度，也正是这种精神，试图决定性地影响人类的物质、道德和社会生活；试图回答有关人类自身存在提出的问题；努力去理解和控制自然；尽力去探求和确立已经获得知识的最深刻的和最完美的内涵。作为数学学科四大部分之一的数与代数，是中小学数学课程中的经典内容，在义务教育阶段的数学课程中占有重要的地位，有着重要的教育价值。

数学与现实生活是密切相关的。联合国教科文组织早在 20 世纪 80 年代初就提出，数学问题解决应作为学校数学教育的中心。因此，有价值的数学更多地体现在学生用数学眼光和思维去观察、认识日常生活现象，去解决生活中的问题，获得或提高适应生活能力。从古时候用结绳记数、刻痕记数开始，到算盘的使用，到计算器的使用，到大型计算机的问世，直至今天微机、手机的广泛使用，无不说明了创新的价值。只有具有创新精神的人，才能不断创造出更加精彩的世界。因此，能培养学生创新精神的数学就是有价值的数学。这主要体现在解题策略多样化上。对一个问题，能从多角度、多层次去思考，对一个事物能想出多种不同的解法，那么不但可以发展自己的思维能力，还会对这一问题的认识更全面、更深刻，有助于学生创新精神的培养。

数与代数这一基础部分正是搭建这种思维的桥梁。它不仅能在数的运算、公式的推导、方程的求解、函数的研究等活动中通过对现实情境中数量关系及其变化规律的探索促进学生探究和发现，培养初步的创新精神和实践能力，还能利用正数与负数、精确与近似、方程与求解、已知与未知等概念中蕴含着对立、统一的思想，变量和函数概念中蕴含着运动、变化的思想，促进学生用数学、科学的观点认识现实世界。

第二节　数与代数和生活融合的策略

《义务教育数学课程标准（2011年版）》在总体目标中提出，要使学生"经历运用数学符号和图形描述现实世界的过程，建立数感和符号感，发展抽象思维"。可见，理解数感、符号感，让学生在数学学习过程中建立数感和符号感是非常重要的，是进入数学学习的基础。在义务教育阶段，学生要学习整数、小数、分数、有理数、实数等概念，这些概念本身是抽象的，但通过数学的学习，使学生能将这些数的概念与它们所表示的实际意义建立起联系。

一、数感培养与生活

数感是一种主动地、自觉地或自动化地理解数和运用数的态度与意识，建立数感可理解为会数学地思考。数感包括将数与实际背景联系起来，用数学的方式思考问题。数感是现代人应具备的一种基本数学素养。它是同学们建立明确的数概念、有效地进行计算等数学活动的基础，是将数学与现实生活、生产中的实际问题建立联系的桥梁。

（一）重视低段数感建立，培养阶段发展

《义务教育数学课程标准（2011年版）》在第一学段目标中明确指出，在运用数及适当的度量单位描述现实生活中的简单现象，以及对运算结果进行估计的过程中，发展数感。这一学段教学要选择适合学生年龄特征的方式，提供实物，联系身边具体事物，观察操作、游戏等都是较好的方式。

【案例】"100以内数的认识"教学片段。

（出示主题图20只）

师：同学们，今天，老师带你们去大草原看一看。瞧，草原上来了两群羊。仔细数一数有多少只羊？

生：20只羊。

师：请你告诉老师，你是怎么数的？

生1：1只1只数的，

生2：两只两只数的，

生 3：5 只 5 只数的，

生 4：10 只 10 只数的。

（出示主题图 100 只）

师：同学们现在有多少只羊呢？猜猜看，看谁猜得准？（这里不需要学生数出准确结果，仅仅是猜猜）

师：同学们都有了自己的猜测！这里是不是有 100 只羊呢？这节课我们就来学习 100 以内数的数法和组成。

教学例 1：数数 100 的物体。

师：同学们，一起数一数这些小棒，然后形成一捆后，那一捆里面有多少根小棒呢？

生：10 根小棒。

师：那我们可以看出 10 个一是十，十里面有 10 个一。

让学生两人一组，数 100 根小棒。一人数，另一人评判，然后交换进行。老师注意观察学生不同的数法。

师：你是怎么数的？

生 1：1 根 1 根数的，

生 2：两根两根数的，

生 3：5 根 5 根数的，

生 4：10 根 10 根数的。

师：同学们真了不起，接下来我们一捆一捆地来数，那这里有多少捆呢？

生：10 捆

师：一捆里面有 10 根小棒，那这十捆总共有多少根小棒呢？

生：100 根

师：非常正确！我们可以看出 10 个十是 100，100 里面有 10 个十。再让学生回到主题图数小羊，提示学生每 10 只用笔圈一圈，最后 10 只 10 只地数，看看图中是不是有 100 只小羊，对比自己的猜测。

教学例 2：从 88 数到 100。

师：同学们，我们一起来边摆边数。

生：88，89，90，91，92，93，94，95，96，97，98，99，100。

师：我们可以看出 89 添 1 就是 90，99 添 1 就是 100，边摆边数，再从 35 数到 42。

生：35，36，37，38，39，40，41，42。

师：39 添 1 就是 40，不摆小棒，数出 57 后面的 6 个数。

生：58，59，60，61，62，63。

师：59 添 1 就是 60，再 5 个 5 个数，从 65 开始。

生：65，70，75，80，85，90，95，100。

师：再数小棒，10 根 10 根地数，从 10 数到 100。

生：……

课件出示生活中的 100 层楼电梯，①每层数字逐一显示，②双数层显示，③5

层5层显示，④10层10层显示。

案例中，从学生喜欢的动画片创设情境，对学生很有吸引力，有效地激发了学生学习的兴趣。过程中，学生们估一估，充分地动手操作，从边摆边数到不摆只数，经历了从直观到抽象的过程。再出示100层楼电梯，感受生活中与数学的密切联系。从实际生活中表现出来的数量也加强了对数的感知。

结合第一学段的具体教学内容，逐步提升和发展学生的数感，在第二学段结合学生所熟悉的现实素材感受大数的意义，并能对一些问题进行估算；能了解负数的意义，用负数表示日常生活的问题，建立起对负数的数感。

【案例】"负数的认识"教学片段。

1. 认识温度计，理解用正负数来表示零上和零下的温度

（1）首先来看一下重庆的气温。

这里有个温度计。先来认识温度计，请大家仔细观察：这样的一小格表示多少摄氏度呢？5小格呢？10小格呢？

（2）上海的气温：上海的最低气温是多少摄氏度呢？

指出：上海的气温比0摄氏度要高，是零上4摄氏度。

（3）了解北京的最低气温：北京又是多少摄氏度呢？与重庆的0摄氏度比起来，又怎样了呢？你能用一个手势来表示它和0摄氏度的关系吗？（对，北京的气温比0摄氏度低，是零下4摄氏度）你能在温度计上拨出来吗？

2. 学习珠穆朗玛峰、吐鲁番盆地的海拔表达方法

（1）同学们，你们知道吗？世界第一高峰——珠穆朗玛峰从山脚到山顶，气温相差很大，这是和它的海拔高度有关的。最近，国家测绘局公布了珠穆朗玛峰的最新海拔高度。

（2）看新疆的吐鲁番盆地的海拔图

你又能从图上看懂些什么呢？（引导学生交流，回答珠穆朗玛峰比海平面高8 848.86 m；吐鲁番盆地比海平面低154 m）

（3）珠穆朗玛峰比海平面高，吐鲁番盆地比海平面低。大家再想想，你能用一种简单的方法来记录一下这两个地方的海拔吗？

3. 生活中除了温度、海拔高度，还有很多地方会用到负数

（1）电梯中的负数：王叔叔和李阿姨都从办公楼的地面一层乘电梯，王叔叔去5楼开会，李阿姨去地下二层取车，他们分别应按电梯里的哪个键？

（2）神舟七号与负数：我国发射的神舟七号飞船在太空中向阳面的温度会达到（　　）以上，而背阳面会低于（　　），但通过隔热和控制，太空舱内的温度能始终保持在（　　），非常适宜宇航员工作。

　　A.21 ℃　　　　　　　B.100 ℃　　　　　　　C.-100 ℃

（3）产品说明上的负数：食品包装袋上有这样的标记"500±2 g"，质检人

员拿出 5 袋后称重后和标准重比较记录为：+0.1 g，−1 g，0 g，+0.5 g，−3 g。+0.1 g，−1 g，0 g，+0.5 g，−3 g 是什么意思？500±2 g 是什么意思？

教学让学生理解负数的意义，明白用正负数可表示一些具有相反意义的量，从而让学生体验负数产生的原因。列举生活中正负数应用的实例，让学生体会引进负数的必要性，理解负数的意义，建立正数和负数的数感。这种生活化、经验化的问题情境，让学生体验了数学与生活的密切联系，并能激发学生自觉地用数学的思维方式来观察和解决生活中的实际问题。

（二）紧密结合生活实例，培养学生数感

学生的生活经历处处充满着与数相关的活动，培养学生的数感就是让学生感知周围的世界具有量化的意味。因此，为学生提供真实自然的数的感悟环境，也能让学生在数的认知上经历由具体到抽象的过程，逐步发展学生关于数的思维；反之，学生数感的提升也使他们能用数字的眼光看周围世界，正如《义务教育数学课程标准（2011 年版）》所说，建立数感有助于学生理解现实生活中数的意义，理解或表述具体情境中的数量关系。

例如，让学生收集自家中的"数"，家里一个月收入多少钱，一个月用多少度电、用多少吨水、多少方气，一个月物业管理费多少钱，家里有多少件衣服、多少双鞋，书架上有多少本书……再说说自己身边的数、生活中用到的数。引导学生们说出自己的生日、身高、体重、鞋码；自己父母的电话号码；自己喜欢的某本书有多少页，1 页大约有多少个字；到菜市场买菜，各种菜的价格；到商场购物要看商品的标价付钱，这些标价、购物的钱款都是有具体意义的数。通过学生对具体数量的感知和体验，使学生加深理解数的意义，为建立数感奠定基础。

让学生通过调查、讨论，弄清楚自己的学号、地区邮政编码、汽车牌照号码、身份证号码的规律和意义。把具体问题与数学联系起来，用数学的方法思考问题，体现用数意识，并在交流中培养数感。

下面的问题更能让学生感到建立良好的数感，对数字信息作出合理解释与推断的重要性。考生准考证号一般应按先后顺序包括以下 7 个组成部分：2 位、2 位、1 位、1 位、1 位、1 位、3 位。

（1）第一框和第二框"每个框内"各确定两个大写拼音字符。第一框为省份

或直辖市名称的大写拼音字头，第二框为所在城市或中心站名称的拼音字头。

（2）第三框框内的"年份的末位数字"，如 2005 年以 5 代替。

（3）第四框框内的"春季"大写拼音字符以 C 代替，或"秋季"大写拼音字符以 Q 代替。

（4）第五框框内的"高起本"大写拼音字头以 G 代替，或"专升本"大写拼音字头以 Z 代替。

（5）第六框框内的"专业的代码数字"。

专业的代码数字

专业	计算机科学	计算机软件	会计学	金融学	法学	商务英语	护理学	经济管理
代码	1	2	3	4	5	6	7	8

（6）第七框框内的"该专业考生的序号"，该专业考生在千人以内时，则该专业考生的序号一律固定为 3 位数字，即从 001～999。

现有一名考生的考号为 CQJB6CZ8624，它能给你什么信息？

（三）经历有关活动过程，积累数感经验

数学知识具有抽象性、概括性和逻辑性。只有与学生的生活经验、实际背景联系起来，在具体的数学活动中，学生能动脑、动手、动口，多种感官协调活动，加之能相互交流，这对强化感知和思维、积累数感经验非常有益。

爱因斯坦说过，想象力比知识更重要，因为知识是有限的，而想象力概括着世界上的一切，推动着进步，并且是知识进步的源泉，严格地说，想象力是科学研究的实在因素。在教学"一亿有多大"时，为学生提供 A4 纸、纸杯、铅笔、硬币，让学生自己对 4 样物品提出关于一亿的问题：一亿张 A4 纸叠起来有多高，一亿张 A4 纸铺开有多大，一亿支铅笔连起来有多长，一亿支铅笔捆起来有多粗，一亿个纸杯叠起来有多高，一亿枚硬币叠起来有多高，一亿枚硬币有多重……根据学生爱猜的心理，让学生们猜想一亿有多大。但是，由于学生们的生活经验和知识的基础不同，对一亿的猜想也各不相同："一亿张纸有珠穆朗玛峰那么高""一亿张纸有教学楼那么高""一亿支铅笔能绕地球一圈""一亿支铅笔能穿过云层""一亿枚硬币叠起来能碰到云层"……再分小组讨论与研究："一亿张 A4 纸叠起来有多高？""一亿支铅笔连起来有多长？""一亿个纸杯叠起来有多高？""一亿枚硬币有多重？"学生们通过动手操作、亲身体验、思考、讨论、交流，由小数量推算大数量，得出结论：一亿张 A4 纸叠起来大约有 10 000 m 高，一亿支铅笔连起来大约有 19 000 000 m 长，一亿个纸杯叠起来大约有 9 000 000 m 高，一亿枚硬币大约有 610 t 重。再用这 4 个数据与学生熟悉的生活例子对比：学校教学楼高约 24 m，一亿张 A4 纸叠起来大约相当于 417 个学校教学楼的高度；学校操场一圈 250 m，一亿支铅笔连起来大约绕操场 76 000 圈；一亿个纸杯叠起来大约绕操场 36 000 圈；老师的体重大约 70 kg，一亿枚硬币重大约是老师体重的 8 714 倍。学生们会情不自禁地发出感叹，内心产生惊讶感，最真切地感受到一亿这个数的大小。还可组织学生参加调查活动：从你家到学校的路程大约有多远，你到学校大约要多长时间，教室的面积有多大，学校食堂有多大，你家住房有多少平方米，你所在的城市有多少人口……这些数学活动都有利于学生在相互交流中从多角度去感悟数，丰富自己的数感经验。

二、符号意识培养与生活

符号是数学的语言，也是人们进行表示、计算、推理、交流和解决问题的工具，更是数学的方法。数学符号具有抽象性、明确性、可操作性、简明性及通用性。用符号表示事物是人类文明发展的重要标志之一。数学课程的一个任务就是使学生感受和拥有使用符号的能力。

（一）生活中体会符号价值

柏拉图说，任何事和物，只要你对它有兴趣，就会觉得它有价值，我们就会自觉地去认识它、去探讨它。符号认识也是这样的。学生们在生活中早已见过不同的符号，只是没深入思考。经常让教学内容与生活相结合，让学生体会符号的应用价值，挖掘学生已有经验中潜在的符号意识，让学生们明白我们生活在一个被"符号化"的世界里，生活中处处体现着符号给人们带来的便利。

在日常生活中，如商店的招牌，医院的红"十"字标记，公路上的交通标志

"P""—"，以及汽车独特的标志符号"W""H"等，符号与人们的生活密不可分，学生已初步具有了符号意识，感受到生活中的符号所体现出的简明性和通用性的特质。这种符号意识对数学符号感的形成起着积极的促进作用。

（二）情境中培养符号意识

符号的表达和使用要在各学段紧密结合概念、命题和公式的教学过程中进行。在各个学段，教师都要有针对性地引导学生进行符号意识的培养。著名心理学家皮亚杰说，儿童的思维是从动作开始的，切断了动作与思维的联系，思维就不能得到发展。因此，要解决数学符号的抽象性和小学生思维的形象性之间的矛盾，就要为学生多创设一些应用数学知识的情境，以帮助学生体验数学符号的价值。

【案例】"认识小括号"教学片段。

师：老师这里一共有13颗小星星，给男同学奖励了5颗小星星，给女同学奖励了3颗小星星。根据这些条件，你能提出什么数学问题？

生：还剩下几颗小星星？

师：这个问题你会解决吗？板书：13-5-3=5（颗）

师：谁还有不同的方法？

生：5+3=8（颗），13-8=5（颗）

师：像5+3=8（颗），13-8=5（颗），这样的方法叫分步计算。谁能把这两个分布算式合成一个综合算式？

生：13-（5+3）=5（颗）

师：你是怎么想的？13表示什么？5+3又表示什么？

师：5+3外面的"（ ）"叫什么？（小括号）

小手伸出来跟着老师一起写。

师：我们在计算的时候应先算什么？（结合情境理解，先算一共发出去了多少颗小星星）

师：13-（5+3）先算什么？再算什么？

师：13-5-3=5和13-（5+3）=5有什么相同和不同？

……

【案例】"用字母表示数"教学片段。

师：下面我们要做一个猜年龄的游戏，老师需要一个助手，谁来？

（指名××同学回答）你今年几岁了？

生：10岁。

师：那老师今年多大了，我们可以来猜一下？（指几名学生来猜）

（老师给出提示：我比××同学大20岁）

师：现在你们知道老师多大了吗？你是怎么算出来的？

生：10+20＝30（岁）。

师：那我们接着往下猜当××同学在1岁、2岁、3岁……20岁……50岁时，老师的年龄各是多少岁？

指名回答，填写下表。

学生与老师的年龄

××同学的年龄／岁	老师的年龄／岁
1	1+20=21
2	2+20=22
3	3+20=23
⋮	⋮
10	10+20=30
⋮	⋮
20	20+20=40
⋮	⋮
50	50+20=70
⋮	⋮

师：我们发现照这样一直写下去，能不能写完哪？

生：不能。

师：观察这些式子你能发现什么？

师：你能用一个式子或一句话表示出任何一年老师的年龄吗？

（学生小组内讨论并指名回答）

生1：××同学的年龄+20岁＝老师的年龄

生2：老师的年龄－20岁＝××同学的年龄

生3：a+20。

提问：比一比，你喜欢哪一种表示方法？为什么？让学生发表各自意见。

在式子a+20中，a表示什么？20表示什么？a+20表示什么？

想一想：

（1）a可以是哪些数？a能是200吗？为什么？

（2）结合关系式解答：当a=11时，老师的年龄是多少？

a+20=11+20=31（岁）

……

师：大家很了不起，下面我们一起来欣赏一首《数青蛙》的儿歌。

（多媒体显示：儿歌《数青蛙》情境，生拍手唱儿歌）

生：（齐）1只青蛙1张嘴，2只眼睛4条腿；2只青蛙2张嘴，4只眼睛4条腿；3只青蛙3张嘴，6只眼睛12条腿。

师：还能往下编吗？大家一起再编一句。

生：（齐）4只青蛙4张嘴，8只眼睛16条腿。

师：你们是根据什么要这样编呢？

生1：因为我发现青蛙的只数和嘴的张数是一样的，眼睛的只数是嘴的2倍，腿的条数是眼睛的2倍。

生2：我发现眼睛的只数是青蛙只数的2倍，腿的条数是青蛙只数的4倍。

师：哦，同学们用数学的眼光发现了这首儿歌中还有数学规律。好，我们就按这样的规律再编一句。

生：（齐）5只青蛙5张嘴，10只眼睛20条腿。

师：这样的儿歌你们可以说多少句？

生：无数句。

师：这首儿歌我唱了30多年也没有唱完，你们能不能运用刚才学到的本领，只用一句话就能把这首儿歌唱完？

（生独立思考，尝试写出自己的想法）

生：A只青蛙A张嘴，2A只眼睛4A条腿。

……

尽可能通过实际问题或现实情境创设，引导、帮助学生理解符号以及表达式、关系式的意义，或引导学生对现实情境问题进行符号的抽象和表达。对某一特定的符号表达式启发学生进行多样化的现实意义的填充和解读。这种建立在现实情境与符号之间的双向过程，有利于增强学生数学表达和数学符号思维的变通性、迁移性和灵活性。

（三）问题中发展符号意识

符号意识更多地表现为以学生为主体的一种主动用符号的意识。因此，符号意识的培养仅靠一些单纯的符号推演训练和模仿记忆是难以达到应有的效果的。引导学生经历发现问题、提出问题（实际上需要运用符号抽象和表达问题）、分析问题、解决问题（实际上是使用符号进行运算、推理和数学思考）的全过程。在这一过程中积累运用符号的活动经验，更好地感悟符号所蕴含的数学思想本质，以促进学生符号意识的提升。

【案例】

按下面的步骤计算，再把最后的得数与开始的数比较，你能发现什么？你知道为什么吗？

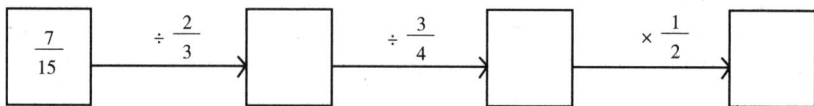

$$\boxed{\dfrac{7}{15}} \xrightarrow{\div\frac{2}{3}} \boxed{} \xrightarrow{\div\frac{3}{4}} \boxed{} \xrightarrow{\times\frac{1}{2}} \boxed{}$$

学生独立计算，并全班答案订正。

师：比较得数与开始的数，你能发现什么？

生：答案与第一个数相等。

师：那是为什么呢？巧合吗？

生：我把 $\dfrac{7}{15}$ 换成了 $\dfrac{8}{9}$，答案就变成了 $\dfrac{8}{9}$，我觉得不是巧合。

生：我也试了一下，也是这样，我也觉得不是巧合。

师：到底是怎么回事呢？

生：我发现 $\div\dfrac{2}{3}\div\dfrac{3}{4}\times\dfrac{1}{2}$ 抵消啦！因此，得数与开始的数相等。

生：我把开始的数想成 A，那这个题就成了 $A\div\dfrac{2}{3}\div\dfrac{3}{4}\times\dfrac{1}{2}=A$。因此，得数一定会与开始的数相等。

生：我还发现，如果把开始数想成 A，第一个除以的数想成 B，第二个除以的数想成 C，乘以的数想成 D，当 $B\times C=D$ 时，$A\div B\div C\times D=A$。因此，在这种情况下得数与开始的数一定相等。

【案例】

某种商品 4 月的价格比 3 月降了 20%，5 月的价格比 4 月又涨了 20%。5 月的价格和 3 月比是涨了还是降了？变化幅度是多少？

生独立完成，全班展示交流。

师：你们最后的结论是涨了还是降了呢？

生：降了。

师：降了多少呢？

生：我把商品 3 月的价格假设成 100 元。4 月：$100\times(1-20\%)=80$（元）；5 月：$80\times(1+20\%)=96$（元）；$(100-96)\div100=4\%$。因此，降了 4%。

生：我把商品 3 月的价格看成单位"1"，$1\times(1-20\%)\times(1+20\%)=0.96$，$(1-0.96)\div1=4\%$。

生：我把商品 3 月的价格想成这个 $\boxed{}$，用字母 $\boxed{}$ 表示；

4 月降了 3 月的 20%，图形表示为 $\boxed{A}$ ⟶ 降了 20%A；

⟶ 剩下 80%A

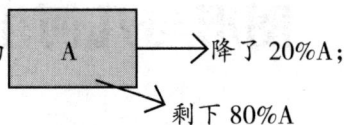

5 月又比 4 月涨了 20%，图形表示为 $\boxed{A}$ ⟶ 补不回去的 20%A 的 20%

⟶ 涨了 80%A 的 20%。

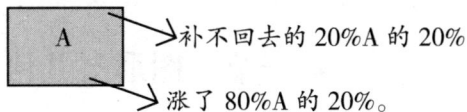

因此，降了 20% 的 20%，$20\% \times 20\% = 4\%$。

数学思想方法并不是一蹴而就的，而是伴随着思考问题和解决问题的过程不断深入的。符号意识的培养应从低年级开始，并根据教材内容和学生已有的经验，分阶段、分步骤地认真培养。这样，学生就会逐步形成符号意识，数学思考能力也会不断提高。

第四章　图形与几何生活化学习实施策略

第一节　图形与几何和生活融合的必要性

新一轮《基础教育课程改革纲要（试行）》指出，在社会飞速发展和科学技术日新月异的背景下，教学内容不仅需要与时俱进，还需要注重学生的日常生活和社会实践，在教学内容的安排和设置上，充分考虑学生的兴趣爱好、学习能力、认知发展、实践经历等方面内容，提升教学生活化的应用水平，奠定学生未来学习生活的良好基础。《义务教育数学课程标准（2011年版）》提出，应加强数学与学生的生活经验相联系，从学生熟知、感兴趣的生活事例出发，以生活实践为依托，将生活经验数学化，促进学生的主动参与。

在小学阶段数学的学习内容四大模块中，图形与几何这一领域的知识所占的比例仅次于数与代数，而这部分课程的核心学习目标在于：帮助学生积累丰富的几何知识活动经验，培养学生的空间观念、几何思维。早在远古时代，人们在实践活动中，对各种形状的物体（如大、小、方、圆等），进行反复观察、比较与使用，才逐渐舍弃了具体事物，概括出形的概念。由此可见，图形最初源于实际生活，为了解决实际生活中的问题而产生。

《义务教育数学课程标准(2011年版)》也倡导图形与几何教学的生活化原则。生活化原则有多层含义：首先是教学内容的生活化，其次是数学知识的生活应用。学生自身的生活环境本身就充满了丰富的几何图形，教学中要把抽象的数学知识与学生的生活经验相联系，通过学生的直观感知与体验来理解数学知识。

小学数学"图形与几何"板块的内容主要包括图形的认识、图形的测量、图形的运动、图形与位置等。这些内容能很好地将数学推理、空间观念、数学运算、数据分析等融入生活化学习的培养中。更重要的是，"图形与几何"与小学生学习生活的周围环境更贴切和更直观，能更好地体现生活融合的特征。因此，将图形与几何板块知识和生活融合教学是非常有必要的。

第二节　图形与几何和生活融合的策略

儿童几何图形的心理映像是在知觉水平和思维水平上发展的，知觉水平是通过视觉和触觉获得感性的映像基础；思维水平是通过探索物体、触摸物体的轮廓来构造图形的概念。结合这一特点，教师可采用"情境＋问题＋探究＋应用"的教学模式，通过让学生在生活化的问题情境中感知图形，在探究活动中深化空间观念，在实践应用中回归生活。其主要的教学流程为：挖掘生活原型，创设生活化的学习情境—依托生活情境材料，设计生活化的学习问题—结合生活实际，创设生活化的探究活动—应用知识实践，回归生活实际。

一、挖掘生活原型，创设生活化的学习情境

课堂是小学数学生活化教学的主战场，教师对课堂活动的设计能力直接关系学生数学思维能力和数学应用能力的培养。要使学生在数学课堂上主动地建构知识，创设生活化的学习情境是非常重要的。情境的创设关系学生的学习积极性和学习效果。因此，所创设的学习情境必须是学生自己熟悉生活情境，只有创设贴近学生生活的学习情境才能让学生有探索新知的兴趣和动力，这就需要教师充分挖掘生活原型，创设生活化的学习情境。具体从以下 3 个方面进行阐述：

（一）充分挖掘教材情境图的生活原型

教材是教学的主要依据，挖掘教材情境图的设计意图是创设生活化学习情境的第一步。教材作为教学的素材并不是为教师提供照本宣科的教学材料，教师需要深入理解教材情境图与数学知识及学生现实存在的联系，考虑情境图对本班学生的适用性，再决定是否运用教材情境以及如何创设新的学习情境。基于小学生形象思维为主的特点，小学数学教材中的导入部分以情境图为主要的引入课题的形式，在图形与几何部分的教材内容中，超过三分之二的内容采用了情境图导入。因此，深刻理解情境图中的数学内涵是创设生活化学习情境的基础。

1. 充分理解教材情境图的设计意图，挖掘生活原型

教材情境图不仅能给学生带来直观的感受，沟通学生的现实生活和数学知识，其最终的目的是帮助学生学习和理解数学。教材情境图常以单元图、例题图的形式展现，读懂情境图设计的意图也是理解教学目标的一种方式。理解教材情境图

的关键在于要将情境图与教学内容紧密结合起来，一方面要挖掘情境图中的数学知识，即知道是什么，另一方面也要理解情境图设计的目的，即知道为什么，最后要思考情境图能为教学带来哪些生活原型，即怎么做。

例如，五年级下册"长方体和正方体的认识"，教材内容展示了 3 幅情境图，其中两幅是作为单元的主题图出现的，两位学生进行对话的情境图则是以例题图的形式展现。3 幅情境图之间存在联系，在图中表现为 3 个层次：第一，通过主题图引导学生观察生活中长方体、正方体形状的建筑物和生活用品，让学生感受到生活中很多物体的形状都是长方体和正方体的；第二，将实物图形抽象成数学意义上的几何图形，认识长方体的各个组成部分，这一抽象过程既是知识目标的要求，也是发展学生空间观念的需要；第三，学生观察长方体的情境图，表明了图形的认识过程需要学生自己经历观察、分析、交流的过程，学会初步概括长方体的特征。挖掘情境图的内涵和作用，能帮助教师明确教学目标，梳理教学思路，合理安排教学流程。

2. 结合生活实际，创设性地使用教材情境图

叶圣陶先生说，"教材无非就是一个例子"。教材情境图为教学提供的是一个范例，在确保教学目标的前提下，教师可根据自身对教学内容的理解，并结合学生的身心发展特点及经验，对教材情境图进行创造性使用。创造性地使用教材情境图是在深入理解教材内容、教学目标的基础上，结合学生的现实生活和已有经验，对情境图的内容做合理的增减。富有创造性地使用情境图既体现了教师教学的艺术，也能更贴合学生的生活实际，唤醒学生的原有经验。

例如，在六年级上册"圆的周长"一课中，结合生活实际，设计了以下课堂导入：

PPT 展示：王叔叔在做菜的时候遇到了麻烦事。圆形菜板和正方形菜板都开裂了，需要在菜板周围围一圈铁皮。猜猜，谁需要的铁皮长呢？

师：想要知道哪块菜板需要的铁皮长，必须知道什么呢？

生：周长。

师：什么是周长？正方形的周长你们了解吗？

生：正方形的周长 = 边长 ×4。

师：由这个公式你能看出正方形的周长和边长有怎样的关系吗？

生：正方形的周长是边长的 4 倍。

师：你知道圆的周长怎么计算吗？它与什么因素有关？有怎样的关系呢？这节课我们就一起来研究圆的周长。（板书课题）

在"圆的周长"一课中教材只出示了圆形菜板，在设计这一节课时增加了正方形的菜板，因为学生已掌握了周长的概念并且会正确计算正方形的周长，利用学生已掌握的旧知来迁移出需要学习的新知，结合学生的实际情况，创造性地使用教材情境图。

又如，在四年级下册"三角形"的单元综合复习课中，设计以下课堂导入：

PPT 展示："图形变形记，猜猜它是什么图形？"

师：它有一个角是什么图形？（PPT 展示一个角的图形）

生：正方形，长方形，平行四边形……

师：它是由 3 条边围成的（PPT 展示）。

生：三角形。

师：这个角是 120°（PPT 展示）。

生：钝角三角形。

师：这两条边长是 9 cm（PPT 展示）。

生：等腰三角形。

师：它为什么既是钝角三角形又是等腰三角形？

生：因为它有一个角大于 90°，又有两条边相等。

师：那现在这个角变小了，等于 60° 呢？（PPT 展示）

生：等边三角形。

师：为什么等边三角形不能是钝角三角形？

……

采用简单的图形变形记、猜一猜的形式来进行导入。其实，这个教学环节就是对三角形相关概念的简单复习。采用 PPT 加问题的导入方式将复杂难懂的概念放在具体图形的中来复习理解，用简洁明了的提问将三角形的概念、类型和特征全部复习完。而这堂综合练习课的教学目标是会灵活运用三角形的这些特征，以此为后面教学环节起到了很好的复习巩固作用。创造性地使用了教材的情境图，激发了学生的求知欲，学生的参与度非常高，整堂数学课都是积极活跃的课堂教学氛围。

（二）挖掘学生熟悉的生活情境，创设生活化的学习情境

在进行问题情境创设时，要善于联想学生现实生活中富含图形特征或空间体验的原型，基于真实的生活背景以及学生已有的生活经验，将几何知识与学生的现实生活巧妙结合，创设逼真的问题情境，使学习者能在真实的问题中，体会几何知识学习与实际生活的联系，感受到能用所学知识解决实际生活中的问题的乐趣，并发展学生的应用意识。

例如，在三年级上册"认识周长"一课中，创设这样的情境：

师：小朋友，画过"一笔画"吗？说说什么是一笔画？

学生在本子上画一幅"一笔画"，与同桌小朋友互相欣赏。

师：现在你能一笔画出一片树叶的外形吗？一笔画出树叶的外形，这句话中有不理解的词吗？或你有想提醒大家注意的？

PPT 出示淘气所画的树叶外形，你认为怎么样？

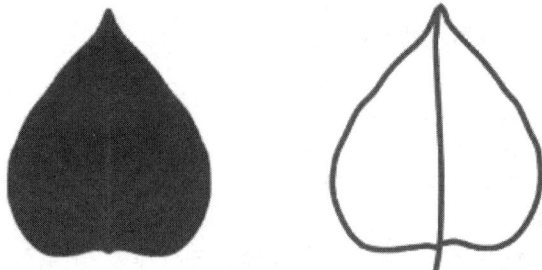

一笔画出树叶的外形

学生交流，发表意见。

小结：淘气接受了小朋友的意见，按要求只画了树叶的外形，并且一笔完成。

由学生熟悉的生活经验"一笔画"引入，唤醒认知基础，为理解"周长"概念作好铺垫，穿插错例突出对"外形"一词的理解，为"外形""边线"和"周长"良好对接扫清障碍，较好地初识概念。

又如，在六年级下册"圆柱的表面积"一课中，创设这样的情境：

师：马上又要到午饭时间了，你们吃的菜是谁炒的？

生：厨师。

师：厨师头上戴的帽子最接近我们学过的什么图形？

生：圆柱。

师：你们想不想尝试做一顶厨师帽？

生：想。

师：请大家用纸来代替布料，以小组为单位制作一顶厨师帽，并算算你们自己做的厨师帽花费了多少纸？

……

"圆柱的表面积"这一课的内容，对于学生来说表面积的公式非常复杂，难以理解，但让学生自己动手制作一顶厨师帽，解决了日常生活中实际问题。同时，学生在制作的过程中，深刻地明白了厨师帽的表面积应由哪几部分组成，也深刻理解到厨师帽和圆柱的区别。通过推算出厨师帽的面积计算公式，由此可推算出圆柱的表面积的计算公式。在这个过程中，也让学生明白了具体事物要具体分析，不能盲目地死记硬背公式，将看似复杂难懂的例题生活化，这样拉近数学知识与学生生活的距离，让学生体会到学习数学知识的必要性，培养学生学习数学的兴趣，同时也让学生体会到数学的用处，丰富了教师的课堂实践智慧。

再如，在二年级下册"轴对称图形"一课中，创设这样的情境：

师：生活中，我们经常会看到这样的事物（PPT依次出示剪纸、故宫、蝴蝶、飞机、龙袍、山水画）。虽然它们的形状、大小、颜色各不相同，但它们却有一个相同的地方，找找看。

生1：它们都是一样的。

生2：它们都是对称的。

生3：两边一样的。

师：剪纸是哪两边一样？

生：剪纸是上下对称的。

师：飞机是哪两边一样？

生：飞机是左右对称的。

师小结：我很欣赏大家有一双会观察的眼睛。像这样，物体或图案左右或上下两部分形状和大小都完全相同，我们就称为对称现象。

二年级学生的思维特点是间接性的，学生只有通过观察身边熟悉的物品才能产生表象认识，初步感知什么是轴对称。在这一节课中，通过让学生大量观察身边熟悉的建筑、物体和工艺品，让学生在生活化的学习情境中认识轴对称图形，发展空间观念。

二、依托生活情境材料，设计生活化的学习问题

由于具体的情境材料和学生的现实生活息息相关，因此，要设计出能激发想象力和探索力的问题。同时，问题应具有开放性，即问题解决方式的途径和方法不唯一。设计出的问题应具有3个重要的特征：第一，来源于学生的现实生活，让学生感觉到这个问题就存在于生活中，与自己有密切的联系；第二，这个问题

背后隐含着相关的教学内容和教学目标，通过问题的探究能让学生获得知识；第三，问题的指向性明确，学生要想解决问题就必须对问题进行综合的分析，设计解决问题的方案。由此依托情境材料设计出来的问题，学生在解决时要付出一定的努力，学生在尝试解决问题的过程中有很大的自主探究和创造空间。

（一）依据课程标准，设计开放性的生活化学习问题

《义务教育数学课程标准（2011 年版）》的总体目标具体表现在知识与技能、数学思考、问题解决及情感态度 4 个维度。这 4 个维度正是我们设计问题需要充分考虑的。从知识技能目标来看，要求学生经历探究的过程后掌握基础知识和基本技能；在实现数学思考目标和问题解决目标上，要求在问题的引领下让学生经历解决问题的过程，发展学生的形象思维和抽象思维能力；学生在探究学习的过程中逐步形成独立思考的习惯和实事求是的态度。因此，依据《义务教育数学课程标准（2011 年版）》中的四维目标设计数学问题更具有开发性，不仅要求学生学习问题背后的数学知识，更重要的是让学生体验探究问题的过程并发展解决问题的能力。

例如，在"长、正方体表面积和体积练习"一课中，设计了这样一个教学环节：

同学们帮助茶厂工人将长和宽各为 20 cm，高为 10 cm 的长方体茶盒装入棱长为 30cm 的正方体纸箱，最多能装几盒？怎样才能装下？

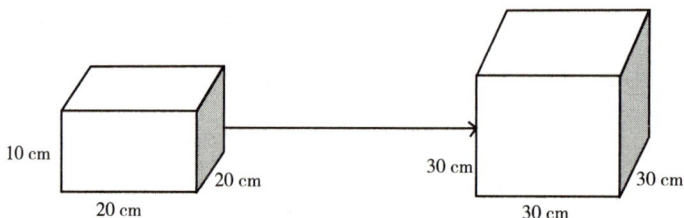

遇到生活中的实际问题，长方体的体积计算就变得更复杂，需要多角度去考虑问题，通过不断的尝试和调整，再进行对比，最终才能找到解决问题的正确方法。

在解决长方体包装盒的问题时，学生的生活经验是有的，但他们的经验往往停留在实际操作层面，很少有人将计算与实际摆放结合思考并优化。数学课堂教学就是要让学生学会用数学的眼光观察世界，并用数学的思维分析问题。

（二）借助多媒体，设计层次性的生活化学习问题

根据皮亚杰的儿童认知发展理论，小学生正好处于"具体运算阶段"，其认知结构属于"直觉思维图式"阶段。现代教学媒体为教学提供了一种方便、高效、直观的教学手段，借助多媒体设备进行教学，能充分调动学生的各类感官活动，提高学生对教学内容的兴趣。充分利用多媒体直观、生动的特点，让学生的感受变得更加真实，尤其是在图形与几何板块教学中，应利用多媒体制作美丽的数学图案，以丰富学生的视觉。

例如，在四年级下册"三角形的内角和"一课中，有这样的一个教学片段：

师：孩子们，今天老师请来了两位朋友和咱们一起学习，看看它们是谁？

PPT 出示：

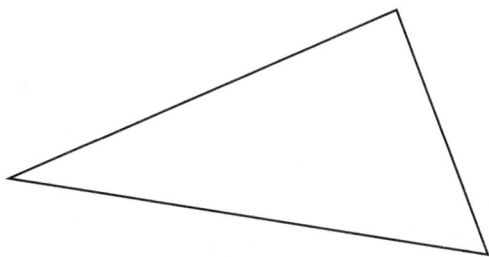 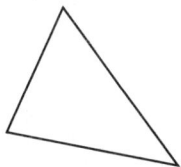

三角形大胖　　　　　　　　　　　　　　　　三角形小胖

音频动画：

A：大家好，我是三角形大胖，我可比三角形小胖大多啦。

B：你胡说，我可比你大。

A：明明就是我大。

B：我大，A 我大……

师：孩子们，大胖和小胖吵得这么厉害，它们在比呀？（比谁大）

师：你认为它们这是在比谁大谁小是吧？那你说说，谁大谁小呢？

生：A 大 B 小。

师：怎么知道的？

生：直接看出来的。

师：那除了比面积的大小，你们认为这两个三角形还可以比什么呢？

生：周长。

师：如果是比周长的话，那又是谁大谁小呢？怎么知道的？

师：其实，老师也不知道它们是在比什么，我们听它们自己说吧。

课件 PPT 音频：

A：小朋友们，你们来评评理，我的个头这么大，我的内角和一定比它的内角

和大。

师：孩子们，你们听明白它们是比什么了吗？

生：内角和。

师：今天我们就来研究三角形的内角和。

在"三角形的内角和"一课中，通过多媒体动画从比周长→比面积→比内角和，设计层次性问题，让学生复习了旧知，也引出了新知，可以感知到内角和与周长、面积是不一样的。

又如，在三年级下册"面积"一课中，在探究面积大小的比较方法中设计了这样的教学环节：

师：请你们摸一摸，观察一下数学书的封面和侧面，谁的面积大；黑板面和国旗面呢？你们是怎样快速比较出来的？

生：一眼看出来的。

师：这样的方法在我们的数学中叫"观察法"。

师：（PPT 出示）这两个图形你能一眼看出谁的面积大吗？你有什么方法能判断出它们面积的大小吗？

生：重叠起来。

师：对啦，像这样不是特别明显的我们可以用重叠法来进行比较。

师：（PPT 出示）这两个图形哪个面积大？刚刚的观察法和重叠法还行吗？（不行）

师：你有什么方法能判断出它们面积的大小吗？

师：我们一起来听个故事，找找灵感吧！（播放绘本《公主殿下来的那天》，在绘本故事中，采用了相同大小的坐垫来度量）

师：是如何比较出哪张床更大的呢？（相同大小的坐垫）

师：可以选择一种图形作单位来测量，这种方法在数学中叫"度量法"。

师：度量时要统一标准，是怎样的标准呢？（形状大小相同）

面积大小的比较方法有观察法、重叠法和度量法。这节课结合多媒体，通过设计层次性的生活化学习问题来讲解在什么情况下用什么方法来比较面积的大小，拓展了学生的空间观念。

（三）以关键问题为核心，设计生活化学习的问题链

从教学目标和教学内容来看，《义务教育数学课程标准（2011 年版）》更加关注学生的问题解决能力的发展，关注实际问题的解决。在目标上，单独将"问题解决"作为课程目标提出；在教学内容上，解决问题的教学并非单一的"解决应用题"的教学，而更强调的是问题的生活化，强调学生实践能力、应用意识的培养，对问题的障碍性和探究性提出了更高的要求。

在问题导向学习中，设计问题链是为了更好地实现预先设定的教学目标，将教学的过程分解为系统化、一连串的数学问题，问题之间围绕同一个中心，有先后序列的关系。毛志峰在《问题导向学习》中强调了问题链对学生学习过程的导引，认为问题链中的问题是一个套一个、一步步深入的，每个问题都是具有思维含量的，问题链将所要解决的中心问题与教学目标紧紧地连接起来。

例如，在三年级下册"面积和面积单位"一课中，在讲授颇具抽象意义的面积单位（平方厘米、平方分米和平方米）时，小学三年级的学生抽象思维能力还很有限。因此，面积单位的理解和掌握也就成了这一节的教学难点。要把抽象的面积单位讲得明白透彻，就要从学生生活中的事物入手，告诉学生 1 cm^2 大约就是我们指甲的大小，由此引导学生思考 1 dm^2 大约有多大，可用身边的什么事物来形容呢？接下来再思考 1 m^2 有多大呢，又可以怎么形容呢？通过这样一连串的问题，可引发学生联系实际生活中的事物来帮助学生在头脑中建立具体形象的面积单位，自然就会收到满意的教学效果。

又如，在"长、正方体表面积和体积练习"一课中，教师以复习长正方体的表面积和体积为核心问题，设计了 3 个层次性问题的教学环节：

任务一：设计 6 个面都是长方形的长方体。
任务二：切一刀，得到有两个面是正方形的长方体。
任务三：切出最大的正方体。

教师通过布置这 3 个有层次性的任务，学生不仅在操作活动中复习了长正方体的表面积和体积，还构建了空间模型，拓展了空间想象力和空间观念。

三、结合生活实际，创设生活化的探究活动

在传统的教学模式下，大多数学生处在较被动的地位，师生互动是教师和少数学生的互动，而学生在参与课堂教学的过程中都具有把握学习的主动权的权利与愿望，在图形与几何的教学中更要注重学生的参与性和体验性。感知动作同人的心理活动密切联系着，感知体验越深刻，动作记忆保留的时间更长久，让学生

参与观察、比较、动手操作活动中，有利于学生理解几何概念和图形的特征。

（一）鼓励引导学生结合生活经验大胆猜想

在开始探究活动前，教师可设置一个分析问题的环节能够帮助学生理清探究思路。根据皮亚杰的认知发展理论，学生新知的学习是一个同化和顺应的过程，学生在走进课堂之前已积累了丰富的生活经验，他们能根据已有的生活经验进行描述和猜测，经历猜想和表达的过程唤起原有经验是构建认知图式的第一步。

例如，在"长、正方体表面积和体积练习"一课中，根据学生的生活和学习经验，问学生现有 3 种材料：铁丝、纸板、木料，你能想象用这些材料做成同样大小的长方体学具各需要多少材料吗？（接头处忽略不计）通过"选择不同材料制作相同的长方体学具"这一活动就是对棱长和、表面积和体积进行复习。

接下来，老师可设计板书点→线→面→体，体现棱长和、表面积和体积三者之间的维度关系，让学生领悟解决问题不能呆板，需要根据具体情况大胆猜想，具体分析找到解决问题的方法，结合问题思考三者情况的几何图形，进而培养空间思维。

又如，在"圆的周长"一课中，设计了让学生猜测周长和直径倍数关系的教学环节：

（1）初步猜测：圆的周长和直径有怎样的关系。
（2）数形结合猜测：数学研究需要大胆猜测。我们的猜测既要大胆更要有依据。看看下面这幅图能给你什么启示。

（课件）出示：
（3）比比圆周长的一半和一条直径有什么关系。谁长？
（4）整圆：那整圆的周长和两条直径比呢？（圆的周长大于直径的 2 倍）

（5）出示，你发现了什么？

①圆装在了正方形里面，你知道了什么？（可见圆的周长一定比正方形的周长小）

②再看（出现直径），正方形的周长与直径有什么关系？（正方形的周长是直径的 4 倍）

③也就是说，直径的 4 倍就是正方形的周长。

④（手势）那圆的周长比直径的 4 倍要（小）。

（6）根据这两幅图，可很肯定地说，圆的周长在它直径 2 倍和 4 倍之间。

鼓励学生结合生活经验和旧知对新知进行大胆猜想，培养学生的想象能力和空间思维。

（二）设计动手操作活动，借助生活经验验证猜想

在教学中，教师应为学生多设计动手操作的活动，并提供较充分的动手操作的时间和空间，让学生自己体会知识的发生过程。开展动手操作能提高学生的学习积极性，学习不再是被动地听取老师介绍知识的产生过程，而是自己动手去发现。在进行操作的过程中，学生手脑并用，注意力也相当集中，这样主动的学习更能让学生体会到学习的成就感和满足感。

例如，在"认识平行四边形"一课中，学生对平行四边形以及它的特征进行学习，可通过动手操作、观察和比较等方法。教师可组织学生开展实践操作活动，通过拼、折等方式来组合图形，这样一方面将平行四边形的特征进行了验证，加强了对平行四边形特征的理解，另一方面老师可通过学生动手操作的过程了解学生对知识的掌握程度，以调整下一环节的教学方法，帮助学生发展空间观念，以对平行四边形建立准确感知。

又如，在"圆的周长"一课中，设计了让学生动手测量、计算周长和直径倍数关系的教学环节：

师：圆的周长是它直径的几倍呢？要得到准确的倍数你有什么办法？

（课件）活动：实验步骤。

（1）先量出圆的周长和直径并记录。

（2）算算圆的周长是它直径的几倍。

生实验操作后汇报。

师小结：刚才同学们算出了周长是直径的几倍。其实，就是周长 / 直径的比值。

学生在大胆猜想后要让学生动手操作，借助生活经验验证猜想，从而得出结论。因此，培养了学生科学严谨的学习态度。

（三）在活动中观察比较，发展学生的空间想象能力

在"图形与几何"板块教学中，小学阶段学生的空间想象需要具体实物的支持。因此，在教学中要符合学生的思维特点和认知方式，可让学生对实物进行观察、比对。学生在直观的感受中，能发展对图形的观察能力和空间感，帮助学生感知和深入体会几何概念。

例如，在三年级上册"周长的认识"一课中，为学生提供大量的感性材料，组织"描、摸、围、数、量"等活动，经历测量与相加，图形长度到线段长度，曲线到直线，不规则到规则，借助直观线绳，把不同图形轮廓、外形、边线都变成一条线段，让学生进一步感受到周长其实就是长度，在动手操作体验中建构周长的表象，让操作活动概括上升到理性层面，突显概念本质属性。

又如，在"圆的认识"一课中，探索半径和直径的关系中设计了这样的活动环节：

活动：把一个圆，沿着直径折一折、画一画、量一量，会有什么发现？

温馨提示：可从直径和半径的条数、长度去研究发现。

要求：

（1）自己动手操作。

（2）小组内交流，并想办法验证。

（3）组长做好记录。

结论一：半径无数条。

验证：画、折。

结论二：所有半径的长度相等。

验证：量、折、比。

结论三：直径无数条。

验证：画、折。

结论四：圆是轴对称图形，它的对称轴就是直径所在的直线。

结论五：同圆或等圆中，所有直径长度相等。

验证：量、折、概念。

关系 $d=2r$。

验证：量、折、画。

学生通过折一折、画一画、量一量的操作活动，通过观察比较可发现半径无数条，所有半径的长度相等，直径无数条，圆是轴对称图形，它的对称轴就是直径所在的直线，直径和半径的关系 $d=2r$。因此，发展了学生的空间想象能力。

四、应用知识实践，回归生活实际

实践是知识的来源，为学生提供运用知识的实践机会就是要运用数学知识去解决实际生活问题，走出课堂走进生活，重在学生的参与实践，让数学知识为我们的生活服务。

通过给学生提供实践机会，让学生感受数学知识就在我们身边，培养学生解决问题的能力。在我们身边处处都有数学问题，如课桌的长短和面积、文具盒的长宽高和体积等。要给学生运用所学知识的机会，让学生通过实际的测量和计算，提高独立思考探究和亲自动手操作实践解决生活问题的能力。

例如，在完成"圆柱的表面积和圆柱的体积"新授课之后，学生虽能记忆圆柱的表面积和体积公式，但离真正地理解和掌握还有一定差距。这时，如果给学生提供实践的机会就可加深学生对抽象知识的理解。在学完这一节新课之后，可这样设计教学实践环节：带领学生来到学校的花坛，告诉他们："学校准备在花坛的周围四周和上面铺上瓷砖，并在花坛的里面填满土，请同学们帮助学校计算一下铺瓷砖的面积和需要多少方土，大家愿意吗？"来到校园里一听老师说要帮学校的忙，学生们肯定会很乐意，积极性高涨。教师要提前给学生准备好测量工具，要计算铺瓷砖的面积需要学生实际测量出圆柱形花坛的底面周长和高，进而计算出圆形花坛的侧面积。要计算需要多少方土就是要计算出圆柱形花坛的体积，则需要根据测量出的底面圆的周长求出底面圆的面积，再根据测量出的圆柱形花坛的高计算出需要多少方土。由于计算数据较复杂，因此学生需要认真细心并亲自动手。这个实践的过程就是学生亲自动手动脑的过程，既培养了学生严谨细心的学习习惯，又让学生在实际的策略计算实践中真正理解并掌握圆柱表面积和体积的知识。

第三节　图形与几何和生活融合的素材设计梳理

图形与几何和生活融合素材见下表。

图形与几何和生活融合素材

册数	单 元	具体内容	素 材
一上	位置（P.9）	上、下、前、后；左、右；判断物体的相对位置	学生的座位等
	认识图形（一）（P.34）	长方体，正方体，圆柱，球的实物认识；认识它们的形状及做出相应的判断	粉笔盒、书、足球等常见物品等
一下	认识图形（二）（P.2）	长方形、正方形、平行四边形、三角形、圆的认识；拼图形；七巧板拼图形	数学书封面，桌面，三角尺等常见物品
二上	长度单位（P.2）	理解建立统一长度单位；认识及了解厘米、米及其含义，表示方法；量一量；知道两者换算关系；认识线段；画线段；估测物体长度	直尺，绳子等
	角的初步认识（P.38）	钝角，锐角的认识；画法；直角的认识；画法；3个角的比较；三角尺拼角	三角尺等
	观察物体（一）（P.68）	不同角度观察物体（前后左右上下），在生活中实物的判断运用及不同角度的比较	布娃娃等常见物品
二下	图形的运动（一）（P.28）	剪一剪，轴对称；移一移；平移；旋转	剪刀、彩纸等
三上	测量（P.21）	毫米、分米的认识；千米的认识；吨的认识；整理与复习	直尺，操场等
	长方形和正方形（P.79）	四边形；周长	树叶等
三下	位置与方向（一）（P.2）	各事物所在方向，东西南北各方向；学校示意图；生活中具体事物在哪个方向	地图图示等
	面积（P.60）	面积和面积单位；长方形、正方形面积计算；面积单位间的进率；整理与复习	校园菜地等

续表

册数	单 元	具体内容	素 材
四上	公顷和平方千米（P.34）	鸟巢的面积；足球场的面积；生活中的面积	操场等
	角 的 度 量（P.38）	线段、直线、射线；角的度量；角的分类；整理与复习	量角器等
	平 行 四 边形 和 梯 形（P.56）	平行与垂直；平行四边形和梯形；整理与复习	斑马线、云梯等
四下	观 察 物 体（二）（P.13）	摆一摆；做一做；看一看	探究观察
	三角形（P.60）	三角形特征；三角形分类；三角形内角和；整理与复习	制作三角形
	图形的运动（二）（P.83）	轴对称；平移；整理与复习	动手剪一剪，平移
五上	位置（P.19）	用数对确定位置	学生的座位等
	多边形的面积（P.86）	平行四边形面积：数方格，裁剪，面积公式；三角形面积：公式，运用；梯形面积：公式，运用；组合图形面积：组合图形，算法；整理与复习	格子图、数方格等
五下	观 察 物 体（三）（P.2）	轴对称，画；旋转，画；欣赏设计	生活中的轴对称图形
	长方体和正方体（P.18）	长方体和正方体的认识：长方体，正方体；长方体和正方体的表面积；长方体和正方体的面积：体积和体积单位，长方体和正方体的计算公式，体积单位间的进率，容积和容积单位；整理与复习	实物长方体和正方体
	图形的运动（三）（P.83）	观察物体的运动；做一做	动手探究

续表

册数	单　元	具体内容	素　材
六上	位置与方向（二）（P.19）	坐标描述方向；做一做	地图等
	圆（P.57）	圆的认识：圆心，半径，直径，轴对称图形；圆的周长：圆周率，公式；圆的面积：公式，运用，同心圆求外围面积；扇形：公式；整理与复习	生活中的圆等
六下	圆柱圆锥（P.17）	圆柱：圆柱的认识；圆柱的表面积：表面积，侧面积公式；圆柱的体积：公式；圆锥：圆锥的认识，圆锥的体积；整理与复习	实物圆柱圆锥等

第四节　图形与几何和生活融合的效应

图形与几何和生活的有效融合，有效地发挥图形与几何所蕴含的教育价值，提高课堂教学效率，增强学生学习的积极性，加深学生对知识的理解，有助于培养学生的知识应用意识，促进学生思维能力的发展。

一、提高了课堂教学效率，增强了学生学习的积极性

与生活融合的教学是以学生的生活经验和生活中遇到的问题为学习的起点，与生活密切联系，让学生在自己熟悉并亲身参与实践的生活经验中学到系统的图形与几何知识，提高了课堂教学效率。学生在生活中发现与图形和几何有关的问题、运用数学知识解决生活中的相关问题，实现了数学学科知识性和生活性的统一。从学生的生活经验出发，关注学生真正需要什么知识，真正喜欢学什么样的知识，完全体现学生在教学中的主体地位，这样也提高学生参与课堂的积极性。

二、知识与生活密切联系，加深了学生对知识的理解

知识与生活密切联系，把学生从教材中枯燥烦琐的公式定理中解放出来，给学生提供具有生活气息的教学素材，让学生学到真正感兴趣的数学知识。数学知

识不再只是单调的符号，学生在自己主动的探究中既掌握了数学知识又加深了对知识的理解。

三、与生活实际联系，有助于培养学生的知识应用意识

与生活融合的教学倡导教师在课堂教学中引导学生关注数学知识，在实践中应用数学知识。教师引导学生通过经历、探索、发现的学习活动，理解数学知识的价值就在于指导实践，服务实践。任何知识只有经历亲身探索实践的过程，才能真正被理解和运用。实践是检验数学知识合理与否的标准，让学生在实践中体验数学学习的乐趣，充分感受数学的实用性，培养学生的知识应用能力。

第五章　统计与概率生活化学习实施策略

第一节　统计与概率和生活融合的必要性

著名统计学家 C. R. Rao 说，在终极的分析中，一切知识都是历史；在抽象的意义下，一切科学都是数学；在理性的世界里，所有的判断都是统计学。如今，概率和统计的思想已渗入人们日常生活和社会生活中。统计与概率的内容在新课程中得到了重视。新的课程标准首次将数据分析观念作为小学数学课程的重要目标之一。统计与概率的思想、方法和知识有助于学生更好地认识人、自然和社会，在面对大量数据和不确定情境中制订较为合理的决策，是学生未来生活所必需的，是他们就业和进一步学习所不可缺少的素养。使学生具备一些统计与概率的基本思想、方法和知识，学习从随机的角度来观察世界，具备一定的收集数据、整理数据、分析数据以及根据数据进行合理推断并进行交流的能力，是义务教育阶段统计与概率课程的主要目标。

众所周知，数学教育是关于思维的教育，小学数学教育的目的是启迪儿童思维，培养儿童思维能力，改善儿童思维的品质。思维是一个人内隐的复杂的心理过程，当你把思维结果（如解题方法、解答方案）明白地告诉思维者时，思维就不必要了，也就不存在了。因此，教师无法对儿童思维直接作用，这就决定了数学教育不应以"传授"思维过程为主，而应当寻找产生和制约思维的、教育者可直接作用的因素，这些因素的总和就是"思维场"。教师只有通过作用"思维场"去启迪、激活、引导、发展儿童的思维。而帮助儿童构造合理的思维场的关键是创设合适的问题情境，情境可使他们产生对解决问题的积极的心向，激发探索和创造兴趣。情境往往并不直接揭示所学的数学内容，而需要儿童基于自己的实践和思考，从中提炼数学信息。因此，儿童的许多富有创造的想法可从情境中引发出来，在不断地探索和交流中，数学思想得以渐渐突显。要有效作用于"思维场"，活化数学课堂就需要提供给儿童一个"问题场"，好的问题情境无疑起到了"场"的作用。新课程下的数学课堂教学，从本质上来说，都要始终创设合适的"问题场"。"问题场"的界定应当满足两条：一个是与儿童的生活经验有关，适合做数学课程与儿童经验之间的接口；另一个是能成为儿童应用数学和作出创新、发现的载体。创设生活情境激发学生回忆已有知识，使数学知识化难为易，化抽象为具体，从而收到事半功倍之效。

第二节　统计与概率和生活融合的策略

统计与概率和日常生活紧密结合，揭示的是学生在日常生活中经常遇到的一些规律和现象。根据这一特点，教师可采用"生活情境＋回忆策略"的教学模式，通过让学生回忆、整理已有的生活经验和知识基础来构建新知，通过创设生活化"问题场"来激发学生的思维。其主要教学流程为创设生活情境，提出问题—回忆生活知识，寻找策略—统整生活活动，再度质疑—构建生活知识，形成网络。

一、创设生活情境，提出问题

教学情境是指借助于各种直观手段，创设与教学内容相适应的有利于丰富学生感知、启迪学生探究、引导学生联想与想象、激发学生学习兴趣，为实现教学目标服务的具体形象且具有情感性的教学环境和气氛。创设一定的教学情境，以此来激发学生，促进他们积极主动地学习。

（一）创设情境要有真实性和现实性，调动学生思维的主动性

统计与概率的教学不能脱离现实生活，变成单纯的解决数学问题。在学生的生活经验中，潜在地存在统计意识。统计与概率来源生活、应用生活，与日常生活紧密联系。小孩子玩"石头、剪刀、布"的游戏，需要记录输赢的次数，看到天空乌云重重，妈妈会告诉孩子"可能要下雨了"等，这些简单的"统计与概率"时常出现在学生的现实生活中。因此，学生有"统计与概率"的生活经验，在他

们已有的生活经验的基础上，利用现实的情境或材料进行教学设计，有利于培养学生的统计意识、提高运用知识解决问题的能力。例如，在班里选举班干部时，学生会自发地进行投票表决，统计票数来选择班干部。在教学中，也可以设计学生最喜欢的动画片、最喜欢的课外书、最喜欢的课外活动等情境，让学生在这些生活情境中充满兴趣地探究数学知识，掌握统计的方法。

（二）创设情境要有趣味性和连贯性，关注学生思维的积极性

对"统计与概率"这一课，可设计一个完整的教学情境，让学生自始至终地体验统计的过程。利用游戏激发学生学习新知的兴趣，让学生参与游戏，持久地抓住学生的注意力。

【案例】

班级要选数学课代表了，该选谁呢？老师指定了一个同学，大家都说不公平，那怎么办呢？小红说×××不错，我选他；小军说×××学习好，我选她……大家的想法各不相同，究竟该选谁怎么也确定不下来。为了做到公平，应该怎么办呢？在大家左右为难的时候，老师提出了一个问题，引起了大家的思考。最后，经过讨论选择了举手的方法，将大家认为不错的同学名字写在黑板上，然后同意哪个同学就举手，最后请一位同学来数人数并记录下来。举手结束了，到底该选谁呢？老师请同学们根据记录的结果进行判断，并说出自己的理由，最后根据大家讨论的结果，确定了班级的数学课代表。

这个过程感觉好像是一节解决班级日常事务的班会课，学生们在民主、自由的氛围中，体会到了做小主人的感觉，获得了解决问题后的喜悦之情。正是在这种积极的情感体验中，学生学会了用统计去解决问题，知道了统计知识的重要性。这种过程的体验，无须老师用过多的语言去解释，而且这种体验是学生终身受益的体验。

【案例】

同学们，平时你们喜欢做什么游戏？你们在做游戏时，遇到谁先玩谁后玩的情况时，使用什么办法解决的？你们觉得这些办法公平吗？好，带着这样的疑惑和思考，我们一起来玩掷骰子的游戏。

让学生体验游戏规则的不公平，在这个情境中，学生充分经历了统计的过程，也知道了统计的作用，游戏规则的不公平性引起了有关概率问题的疑问，让学生带着疑问加入有趣的游戏中，可以提高小学生的学习效率。

由于统计与概率存在于学生生活的方方面面。因此，在教学设计时，能够"实"的尽量不要"虚"，要让学生学习的过程成为解决现实问题的过程，而不是一味地解决为完成教学目标而假设的问题。在考虑如何组织学生进行统计活动时，要尽量结合学生的现实生活，要让学生成为统计活动的真正主人。例如，有关"最喜欢的水果"的统计活动，教师把课本里假设的学生变为学生自己，让统计活动具有一定的现实意义，那么统计的过程和结果则会贴近学生的心理需要，增强学生的感受，达到培养学生统计意识以及解决问题能力的目标。

（三）创设情境要有可比性和拓展性，关注学生思维的深度性

问题是活动的载体，建构真实的问题情境有助于学生全身心地投入学校活动，真实的问题能使他们更好地理解要求他们做什么事。

【案例】

在教学"平均数"时，一开始就呈现给学生昨天一班和二班1小组的跳绳成绩（事先有意组织的）：

| 一班 | 136 | 140 | 135 | 142 | 137 | 144 | |
| 二班 | 141 | 132 | 133 | 142 | 138 | 135 | 145 |

问：你认为哪班的跳绳成绩好些？你有什么辨别办法？

生1：二班好吧，二班的总数多啊。

生2：那不行，二班多个人的，比总数不公平。

生1：二班去一个人来比。

生3：不妨找个两班中等的成绩，比较中等成绩，就可以知道哪个班成绩好了。

师：这个方法不错，可是一班有6人参加比赛，二班有7人参加比赛你怎么找他们的中等成绩呢？

生1：把他们的成绩按多少排队，找中间的数比较。

生2：用移多补少的办法把跳得多的给些跳得少的（他还边说边比画）。

……

以学生身边的熟悉生活事件、亲自经历的事情来创设问题情境，对于学生来说是极具吸引力的，能有效地激发学生的参与意识，活跃学生的思维。

二、回忆生活知识，寻找策略

（一）活动的自我体验

儿童对现实世界的不确定现象是通过大量符合日常生活经验的和有趣的活动来获得体验的。在开始学习这部分内容前，经验已支持了学生对一些如"肯定""经常""偶尔""不可能"等词汇的理解与运用，一个较好的教学组织策略就是让学生通过活动，回忆生活知识，去进一步体验这些不确定事件的存在以及一些事件发生可能性的大小。

【案例】

组织一些让学生去尝试判断事件发生的可能性活动，如"下周一本地气温下降""小明外语朗诵成绩全班第一""从装满红球的袋子里摸出的都是红颜色的球""天阴沉沉的，马上要下雨了""小明有自己的父母"等来让学生体验有些事件的发生是确定的，而有些事件的发生是不确定的。

需要指出的是，在组织这类活动时，要注意学生的经验和已有的知识基础在里面起到了很大的作用。因此，像对"水加热到 100 摄氏度时就会沸腾"的判断，对于一个低年级的学生来说，可能就缺乏经验与知识支持。

【案例】

让学生反复抛掷一个三面写有数字 4，其他三面分别写有数字 1，2，3 的正方体骰子，他可能就会体验到，每一次抛掷骰子后，正面朝上的数字是不确定的。但是，正面朝上的数字是 4 的可能性要大些。

【案例】

让学生通过收集一些民谚故事，了解为什么有"燕子低飞蛇过道，大雨马上要来到"这样的民谚，知道通过多次反复的观察，总结出一些带有规律性结果，则有些事件发生的可能性是可以预测的。例如，可设计一些"调查一下两支球队以往多次比赛胜负的情况，预测下一次比赛谁可能会获胜"的活动来增加学生的体验。

（二）游戏的自我引导

实践表明，利用游戏来引导学生体验事件发生的可能性以及等可能性是一个非常有效的策略。喜欢游戏是儿童的天性。很多时候，学生是在游戏中体验与建构数学知识的，因为游戏不仅能激发学生的思维，还能促进学生策略性知识的形成。

【案例】设计一个"摸豆"游戏。

预先在布袋中放入有色小豆（如三红七蓝），让两组学生来做这种摸豆的游戏。每组在地上划一条长 10 m 的线，等分成 10 格，上面分别标上 1 到 10。每组分别让一个学生站在 5 上面。规则是两个组的参赛学生依次去摸一粒豆，并猜豆子的颜色。猜对的，所在组的那个学生就朝数字大的方向走一格；猜错的，所在组的那个学生就朝数字小的方向走一格。最后，看哪一组先到 10。此外，让每一个组将每一次摸的颜色记录下来，到游戏结束后，再让各组猜袋子里各色豆子的数目，猜对的再得奖。

这是概率和数据相结合的游戏，它贯穿课改的精神，让学生体验和了解"可能事件""必然事件""机遇"等观念。

（三）方案的自我设计

所谓方案设计，实际上就是将知识运用于现实情境的一种策略。学生可通过这种将知识运用于现实情境的活动，体验知识的内在含义，并进一步体验知识对现实生活的价值。

【案例】

运动鞋厂准备在元旦搞一次产品促销活动，设想每位顾客在购鞋时，每购得一双鞋，可参加一次摸彩。同时，考虑产品成本和销售利润，故希望顾客在每 10 次摸彩中，最多只能有 3 个人中奖。请你为运动鞋厂设计一个方案（包括摸彩的用具和方法，如相同质地但颜色不同的小纸卡，每种不同用具的个数，以及不同的转盘等）。

三、统整生活活动，再度质疑

对于概率的教学来说，如何让学生体会可能、一定、不可能现象的存在，如果专门依靠图片的展示、事件的描述等方式去呈现，学生难以获得真实的体验，对问题的认识和理解不可能深入。因此，必须通过一系列的活动，让学生在活动中，发现问题，质疑释疑，通过探索找到解决的方法，最终得出结论，使学生对生活中存在的不确定现象有一个逐步认识的过程，再遇到类似情况时，就能主动寻求解决的方法。这样，不仅使学生掌握了该学的知识，还学会了一些学习方法技巧，培养了学生自助学习的能力。

【案例】概率游戏教学。

在"游戏的公平性"上，设计这样唤醒学生已有的常识和经验，你们玩过飞行棋吗？一般用什么方法决定谁先走的呢？学生有回答用剪刀、石子、布的，有用掷硬币的，有猜手心手背的等。这种可以决定谁先谁后的经验在儿童中是经常用到的游戏规则，就是这节课"公平性"生活原型。也可以组织一个这样的游戏，"有奖摸球"的活动，摸到红球的可得奖，黄球不得奖。第一组7个学生摸球，每个人都摸中了红球，高高兴兴地拿到了自己的奖品；第二组7个学生一个也没有摸到红球，都没得到奖品。这时，有学生就叫起来了，说老师不公平，第二个盒子里根本就没有红球，老师就问学生是这样吗，有的学生说肯定没有，有的学生说可能没有吧。打开一看，果真没有，于是得出一个结论，盒子里没有红球，不可能摸出红球。那么，老师让大家说怎么才公平呢，有学生就提出了盒子里应放一半红球、一半黄球，这样有可能摸到红球，也有可能摸到黄球。

在学生喜爱的活动中，由学生自己在发现问题、探索问题、解决问题的过程中，一步步变得明朗起来。好的实践活动能让学生全情投入，由矛盾激发探索的欲望，在矛盾的解决中，自主获取知识，从而体会成功的喜悦。

四、构建生活知识，形成网络

（一）预设问题，引发需求

创设一定的问题情境、生活情境来引发学生的好奇心，促进学生产生收集数据和统计的需要，体验学习活动的兴趣，为一节课的高效学习做好充分的心理与思想准备。

【案例】

创设：小马去找工作，看到招聘广告上写着金鑫公司月平均工资3 000元，而工作1月后发现实际领到工资只有1 500元，出示工资单：

金鑫公司3月份工资单

员工	①	②	③	④	⑤	⑥	⑦	⑧	⑨	⑩
工资	10 000	85 00	1 500	1 500	1 500	1 500	1 500	1 500	1 500	1 000

引出"大部分员工只有1 500元，平均工资怎么会3 000元呢"的问题讨论，引发学生对"月工资水平"的认识冲突。引导观察平均数，在这组数据中平均数明显偏离中心，而大多数员工工资在1 500元的位置，从而自然地引出众数概念，首次体会众数的统计意义。

（二）经历过程、优化方法

引导学生投入统计、游戏等学习活动的全过程中，选择统计主题，收集数据、整理数据、分析数据，作出决策，进行交流、评价与改进，从而在感受、体验等具体的学习活动中获得对数学的理解，逐步建立统计观念与应用意识，在思维能力、情感态度和价值观等方面得到进步与发展。

【案例】

出示从男女生中各选择一名运动员去参赛的题组：

	男生射击选拔成绩/环						女生投篮选拔成绩/个							
甲	9.1	9.1	9.8	9.0	9.1	9.1	甲	6	7	6	8	6	6	5	8
乙	9.8	9.9	9.8	9.8	3.7	9.8	乙	3	7	5	7	4	8	3	7

通过这两个判断决策练习，使学生体会到在决策判断时是依据众数还是平均数必须根据数据特征进行具体分析。这里男生选择众数、女生选择平均数更合适，从而学会更全面地分析数据进行统计决策。

（三）优化调查，应用拓展

除了使用教材提供的统计对象以外，还引导学生对学校班级、各班人数、天气等现实生活进行统计，指导通过观察、看电视报纸、询问等途径获取信息，督促检查学生的记录情况，最后汇总信息。在这样的实践活动中，培养学生的综合能力。

（四）关注结果，总结延伸

在对学生的学习态度、学习结果和学习方法等进行总结的同时，又对学生后续的学习内容以及相关的知识介绍等方面进行延伸。

【案例】

教学一年级的统计，先创设动物运动会的生活场景，引发学习兴趣。制作的课件中将演示的图形出现得较快，使学生很难独立地数一数就知道各种图形的数量，这样打破学生认知结构的平衡，使学生自然地寻求简单快捷的记录数据的方法，引发学生统计的需求。接着，引导学生讨论可以怎样记录各种图形的个数，并在学生自主记录数据后展示不同的记录方法，再次引导学生进行比较，找出简单快捷记录数据的方法。这样，让学生在经历统计的过程中探索并自主优化统计方法，对学生的统计观念起到了有效的促进与发展，激发了学生自主探索的热情和创新意识。在随后的统计应用环节中，安排了为班级同学每人买一个水果，买哪些水果，每种水果买多少较合适的统计与讨论题，学生在思考讨论后形成共识：先用打"√"的方法调查本班同学最喜欢吃的水果，再讨论如果开班级联欢会，哪些水果要多买，哪些要少买。使学生体会到统计服务于生活的作用。

第三节　统计与概率和生活融合的素材设计梳理

统计与概率和生活融合素材见下表。

"统计与概率"教学生活素材

册　数	单元	具体内容	素　材
一上	渗透（P.6，P.17等）	长短的比较，大小的比较等	水果图片、格子图等
一下	第九单元（P.93）	例1：出示杂乱盆花（提出问题：花的颜色有几种，每种有几盆），先涂色再填数，回答问题（最多、最少的花，多几盆） 例2：现场统计喜欢哪种颜色的花，讨论记录的方法，出示统计图、统计表，回答问题	盆花图片、格子图等
二上	第七单元（P.94）	例1：统计4种动物中最喜欢同一种动物的人数各有几人（画正字法）。填写统计表、统计图，填充问题	动物卡片或动画片的图片等
二下	第八单元（P.106）	例1：一年级、二年级体重分段统计（两张单式统计表）要在一张表中反映出变化情况。 例2：路口统计20 min车流量，讨论得出用以一当五的方法进行统计，回答问题、进行预测、提出建议	一年级与二年级的学生身高或体重统计表（单式）；公路上1 min的车流录像
三上	第八单元（P.104）	例1：摸棋子活动揭示"一定""可能""不可能" 例2：用"一定""可能""不可能"描述6幅图中的现象 例3：比较3种结果（红、黄、蓝3种棋子）可能性大小 例4：根据统计规律推断棋子数量	抽奖游戏、棋子或乒乓球

续表

册 数	单 元	具体内容	素 材
三下	第三单元 （P.38）	统计分析： 例1：横向单式条形统计图 例2：起始格与其他格代表的单位量不一致的条形统计图 平均数： 例1：着重教学平均数的含义和求法 例2：着重让学生体会平均数可反映一组数据的总体情况，以及区别不同组数据的总体情况这一统计学上的意义	各种销售表，3次投篮比赛来确定用哪个数作为本组的成绩
四上	第六单元 （P.99）	例1：复式统计表先制成两个单式条形统计图，再合成复式条形统计图 例2：复式统计表制作横向复式条形统计图	为商家设计进货问题，比较两种饮料的出售情况
四下	第七单元 （P.108）	例1：观察认识折线统计图 例2：根据表中的数据完成折线统计图	选择国家某种一级保护动物5年内数量的增减变化
五上	第六单元 （P.103）	例1：足球赛开球抛硬币引出等可能性，设计游戏公平性规则 例2：击鼓传花加深等可能性理解，设计游戏方案，推断区域 例3：石头、剪子、布猜拳游戏引入，列出所有可能性再求概率 例4：认识中位数 例5：求中位数	游戏：抛硬币、击鼓传花、石头剪刀布；两个公司员工工资表
五下	第六单元 （P.122）	例1：众数的概念，三者联系和区别，理解众数的统计意义 例2：复式折线统计图	以身高来挑选舞蹈队队员
六上	第六单元 （P.110）	六（1）班喜欢运动项目统计，条形和扇形出示体会特点	学生喜欢的体育运动项目、地球陆地面积等
六下	第四单元 （P.66）	例1：彩电市场各部分品牌占有率的统计图 例2：两张员工月薪增长情况折线统计图	某商店产品销售统计图、员工月薪增长变化情况统计图等

第四节　统计与概率和生活融合的效应

统计与概率和生活的有效融合，有效地发挥统计与概率所蕴含的教育价值，促进了学生的思维能力。

一、重视学生学习过程的研究，把学习的主动权还给了学生

学生是数学学习的主人，教师是数学学习的组织者、引导者与合作者。因此，我们非常关注学生学习过程的研究，注重在具体的情境中对随机现象的体验，而不是单纯地只获取结论。结合学生生活的实际，精心创设教学情境，使学生主动地投入学习的状态，提出关键的问题；收集数据、整理数据、分析数据，作出推测，并用一种别人信服的方式交流信息。不仅让学生亲身经历统计与实验的过程，而且还让学生在实践中自我感悟信息的价值。根据获取的信息作出合理的推断，培养学生分析问题和解决问题的能力。

二、能有效地培养学生的动手和观察能力，形成了有序地、严密地思考问题的意识

让学生在反复的观察、探索与动手实践中建立自己的经验体系，是统计与概率教学的另一大功能。在统计与概率教学中总是创造让学生动手操作的机会，如猜一猜、画一画、摸一摸等，使抽象的数学知识更加直观化，利用直观帮助学生理解抽象的数学知识，形成有序地、严密地思考问题的意识。

三、能有效地激发学生探索数学问题的兴趣与欲望，培养发现、欣赏数学美的意识

统计与概率的教学，我们重视学生的学习起点、重视素材的选择、重视活动的设计，使学生在轻松、愉快的学习氛围中学习，大大加强了学生对学习统计与概率的兴趣，激发了学生探索数学问题的欲望。

知识只有与积极的生活化活动紧密联系在一起，学习才能成为学生精神生活的一部分。统计与概率教学必须通过丰富的生活化"问题场"，才能让学生理解它的意义。让我们在教学中紧密联系生活实际，创设丰富的实验情境，让学生在真正经历"数学化"的过程中主动地完成对数学的"再创造"。

第六章 综合与实践生活化学习实施策略

第一节 综合与实践和生活融合的必要性

《义务教育数学课程标准（2011 年版）》中明确指出，在整个数学教育的过程中都应该培养学生的应用意识，综合实践活动是培养应用意识很好的载体。"综合与实践"在于培养学生综合运用有关的知识与方法解决实际问题，培养学生的问题意识、应用意识和创新意识，积累学生的活动经验，提高学生解决现实问题的能力。"综合与实践"是一类以问题为载体、以学生自主参与为主的学习活动。在学习活动中，学生将综合运用"数与代数""图形与几何""统计与概率"等知识和方法解决问题。

小学数学教学的主要目的就是通过数学理论知识与实践知识来实现学生逻辑能力的养成，使学生具备解决实际生活问题的能力。在学生未来发展过程中，可能会面对多种问题，影响学生成长。为帮助学生解决发展问题，教师需要通过合理教学方法，培养学生解决问题的积极态度，并教授给学生问题解决方法。小学数学老师在小学数学课堂中运用生活化教学方法，可通过挖掘实际生活中的各种数学教学素材，为学生设置更加贴近生活的数学问题，帮助学生了解可能在自身实际生活中需要面对的问题，使其对各类问题产生初步认识。之后教师可带领学生利用数学知识来解决问题，让学生在运用相关数学知识解决这些实际问题的同时，培养学生解决实际问题的能力，充分体现数学来源于生活又运用于生活的特点，发挥数学在实际生活中的价值。

新课程背景下，将数学与学生的现实生活相互衔接在一起，以小学生已有的认知经验为出发点，使他们可以初步感受数学知识的有效性。综合实践活动就是基于学生的直接经验，密切联系学生自身生活和社会生活，体现对知识的综合运用的课程形态。这是一种以学生的经验与生活为核心的实践性课程。生活就应该包括学校、家庭和社会 3 个方面。生活教育就是在生活中受教育，陶行知的生活教育三大原理是：生活即教育；社会即学校；教学做合一。我们不应该把自由自在的小鸟全身都铭刻出学校规矩的烙印，而要把笼中的小鸟放到天空中任意翱翔。

现在的综合与实践以日常生活的方方面面为教学资源，可让学生和教师共同在现有生活的各个场域，如商店、银行、游乐园、超市、服装商场、交通等去收集与数学学习有关的生活资料，再汇聚到课堂上来交流和讨论，让学生有一个以数学的眼光去看生活世界的直观体验过程，并进一步利用数学知识来解决生活问题，获得生活常识与能力；未来的生活让学生从数学的广泛应用性和基础性出发，放眼未来的国家发展，关注科技、经济、自然、人口、能源、军事、文化等领域的生活世界。在数学的思维与工具中，形成一种大局观念、未来观念和国家责任感。

第二节　综合与实践和生活融合的策略

一、呈现生活原型，学科与生活融合

在日常的教学中，学生大多时候只参与了学校内的实践。举一个简单的例子，一年级中"1～5 的认识"一课，课本上是贴近生活的老奶奶的家，但在让学生举例时为了更直观地观察判断，只让学生说了教室内的物体。虽然课后的作业布置了，在家中、在回家的路上你看到了哪些事物能用 1～5 这 5 个数字来描述，但学生在之后的学习过程中举的例子大部分还是学校内部摸得着看得到的东西，当老师举了几个校外的例子，就很惊喜地得到了一堆乱七八糟但又富有奇思妙想的答案。可见，学生天马行空的想象力，还需要老师和家长的引导，使他们把书本上的知识与生活中的应用串联起来，找到数学知识在生活中的原型，运用数学知识去解决生活中的实际问题，深刻体会数学是来源于生活并运用于生活的。

【案例】六年级上册"节约用水"一课与生活的联系（见下表）。

"节约用水"与生活的联系

课程内容	单元	知识点	相关知识的生活资源	学科与生活融合的教学建议	典型题例及生活应用	学科与生活融合的家庭辅导建议
综合与实践	节约用水	1.收集信息，分析数据并且解决相应问题 2.计算、推理一年大约要浪费的水	学校、家中水龙头1 min的漏水量	学生对1mL，1 L大概是多少不是很明确，课前找科学老师借量杯，让学生主观感受，小数量积少成多，就会变成大数量	1.家中如果出现漏水现象，用量杯量一量1 min的漏水量，同时让学生计算按照这样的漏水速度，一年要浪费好多水，要多花多少费用。同时和学生一起更换水龙头 2.刷牙、洗脸所浪费的水	新冠肺炎疫情期间要多洗手，小李洗手时不间断放水30 s，用水约4.5 L，小王搓洗手时，关掉了水龙头，用水量为2 L 1.小李洗一次手用水量相当于小王洗手多少次 2.采用节水式洗手，照上面用水量计算，一个三口之家每人每天洗手两次，每月30天可节约多少水

【案例】六年级上册"确定起跑线"一课与生活的联系（见下表）。

"确定起跑线"与生活的联系

课程内容	单元	知识点	相关知识的生活资源	学科与生活融合的教学建议	典型题例及生活应用	学科与生活融合的家庭辅导建议
综合与实践	确定起跑线	1. 了解田径环形跑道的基本结构 2. 学会综合运用圆的周长等知识来计算并确定环形跑道的起跑线 3. 起跑线之间关系的推理	学校操场、体育馆的跑道	学校操场跑道内圈一圈长度大约为250 m。课前带学生到操场认识和了解环形跑道,同时结合体育中的田径赛跑,站在50 m、60 m、100 m、200 m、400 m、800 m的起跑线上,初步感知200 m、400 m的起跑线的确定是由弯道个数决定的。同时,思考起跑线还由哪些因素确定	在标准400 m跑道上,参加200 m跑,每条跑道宽1.25 m,相邻跑道中两人之间的起跑线位置大约相差多少米	家长带孩子去就近的体育馆的跑道(内圈一圈为400 m),用卷尺量出直道、弯道圆的直径以及道宽的宽度,并计算200 m、400 m起跑线相邻跑道相差的距离,算出后,再在跑道上找到200 m、400 m的起跑线,用软尺(找相邻直道)量出相邻跑道相差的距离,与自己算的是否相同(注意:π ≈ 3.141 59)

将数学教学延伸到课外,呈现生活中的原型,加强对学生数学应用意识的培养,发挥数学活动在育人方面的功能。

二、以活动为载体,培养探究能力

《义务教育数学课程标准(2011年版)》提出,要鼓励引导学生充分利用"综合与实践"的过程,积累活动经验、展开思考过程、交流收获体会、激发创造潜能。"综合与实践"活动的价值不只是获得具体问题的解,更重要的是让学生在解决问题的过程中获得全方位的发展。

【案例】六年级下册"鸽巢问题"。

示例:把4支笔放进3个笔筒中,不管怎么放,总有一个笔筒里至少有2支笔。

为什么呢？

1. 合作探究——枚举法

1）二人小组合作

（1）放一放：利用手中的学具把 4 支笔放入 3 个笔筒内。

（2）画一画：借助"画图"或"数的分解"的方法把各种情况都表示出来。

（3）找一找：每种摆法中最多的一个笔筒放了几支，用笔标出。

（4）说一说：总有一个笔筒至少放进了（　　）支铅笔。

2）学生汇报，展台展示

交流后明确：

（1）4 种情况：（4，0，0），（3，1，0），（2，1，1），（2，2，0）。

（2）每种摆法中最多的一个笔筒放进了：4 支、3 支、2 支。

（3）总有一个笔筒至少放进了 2 支铅笔。

3）小结

刚才我们通过"画图""数的分解"两种方法列举出所有情况验证了结论，这种方法称为"枚举法"。

2. 合作探究——假设法

过渡：我们能不能找到一种更为直接的方法，只摆一种情况，也能得到这个结论，找到"至少数"呢？

1）学生思考—组内交流—汇报

师：哪一组同学能把你们的想法汇报一下？

生：我们发现如果每个盒子里放 1 支铅笔，最多放 3 支，剩下的 1 支不管放进哪一个盒子里，总有一个盒子里至少有 2 支铅笔。

师：你能结合操作给大家演示一遍吗？（学生操作演示）

师：同学们自己说说看，同位之间边演示边说说好吗？

师：这种分法，实际就是先怎么分的？

生众：平均分。

师：为什么要先平均分？（组织学生讨论）

生 1：要想发现存在着"总有一个盒子里一定至少有 2 支"，先平均分，余下 1 支，不管放在哪个盒子里，一定会出现"总有一个盒子里一定至少有 2 支"。

2）课件引导小结

这种方法是从最不利的情况来考虑，先平均分，每个笔筒里都放一支，就可以使放得较多的这个文具盒里的铅笔尽可能少。这样，就能很快得出不管怎么放，总有一个文具盒里至少放进 2 支铅笔。怎样用算式表示这种方法？（4÷3=1 支……1 支，1+1＝2 支）算式中的两个"1"是什么意思？

3）引申拓展

（1）5 支笔放进 4 个笔筒，总有一个笔筒至少放进（　　　）支笔。

（2）26 支笔放进 25 个笔筒，总有一个笔筒至少放进（　　　）支笔。

（3）100 支笔放进 99 个笔筒，总有一个笔筒至少放进（　　　）支笔。

学生列出算式，依据算式说理。

4）发现规律

刚才的这种方法就是"假设法"，它里面就蕴含了"平均分"，我们用有余数的除法算式把平均分的过程简明地表示出来了，现在会用简便方法求"至少数"吗？

通过学生小组合作，汇报展示4种不同的情况，渗透了用"列举法"解题的策略，并引发思考，能否找到更为直接的方法，也就是只研究一种情况就能断定"至少数"，自然地过渡到下个环节。假设法仍然是通过操作演示，让学生直观地感受"平均分"的思路，通过语言描述内化为学生的思维，并逐步从直观走向对本质的分析，最终引导学生抽象出算式，找到求"至少数"的简洁方法。

三、善于利用熟悉的生活环境开展课外实践活动

数学知识不只存在于课堂教学，在家庭生活中也存在数学知识，将在课堂中学到的数学知识，应用到日常生活中去实践，这样就可加深学生的数学印象，巩固学生的学习成果。利用学生熟悉的生活环境开展课外实践活动，让学生亲身去体验感受，并运用所学知识以及生活经验解决数学问题，使课内、课外相互融合，构筑起知识与生活的桥梁。

【案例】在学生学习了"认识图形（一）"后，为了拓展数学教学内容，巩固数学知识，利用生活中的立体图形，设计了"小小设计师"课外活动。

活动要求：

（1）学生找出家中长方体、正方体、球、圆柱体等形状的生活物品，利用这4种形状的物品进行自由组合，创作出自己喜爱的作品，起个有趣的名字，并简要介绍自己的设计灵感。

（2）在家长的帮助下填写统计表，再将你的作品拍成相片，最后提出4个相关的数学问题并列式计算。

活动反馈：利用照片、图画、文字描述、思维导图等形式呈现活动结果，并说说自己的收获。

四、在生活实践中建构数学模型

《义务教育数学课程标准（2011年版）》要求学生能从生活情境进中抽象出数量变化和变化规律并用符号来表示，这实际上就包含了模型思想。模型思想注重数学的应用，尤其是现实中的各种问题。

【案例】人教版《数学》五年级上册第一单元"解决问题例九"通过分段计

费解决生活中坐计程车的数学问题。

1. 在现实生活中抽象数学模型的策略

"分段计费"题目文字叙述对学生比较抽象、烦琐，理解起来困难较大，往往事倍功半。如果教育学生用符号表示数量关系进行建模，就会事半功倍。我采取"问题情境—建立模型—解释、应用扩展"展开教学。

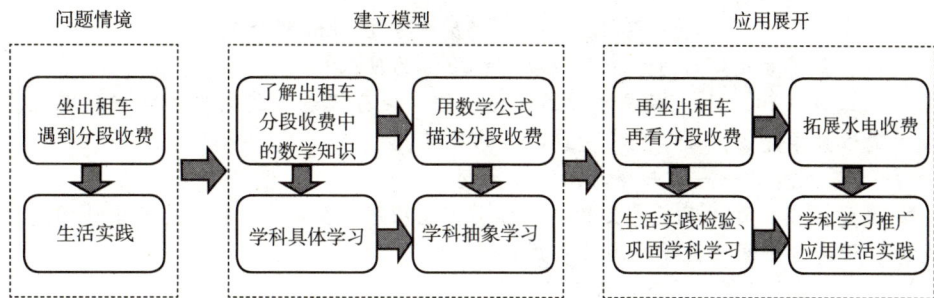

1）问题情境——体验生活，收集数据

学生坐过出租车，但对出租车如何计费并不清楚。课前布置体验作业：利用周末去坐一次出租车，并收好票据，了解出租车计费的方法，为建模提供丰富的感知认识。

课堂上，教师引导学生运用已有的数学知识理解这一生活现象。课始，请学生分享乘坐出租车的经历，谈谈了解到的出租车的计费标准。

师：从同学们的交流中可以看出出租车计费是分段计费的。分为哪几部分？

生1：分为两部分，第一部分3 km以内收费10元，超出3 km部分按1.8元/km。

生2：超出部分不足1 km按1 km计算。

师：不足1 km按1 km计算什么意思？

生1：即使是超出了0.2 km就要按1 km计算。

生2：也就是采用进一法来算路程。

通过交流引导，重点质疑理解，使重难点分段计费得以突破，使学生明确了解决问题的方向，有助于数学建模的形成。

2）建立模型——走进生活，抽象符号

除了捕捉生活现象，沟通数学知识与生活实际的联系，还要把生活中的问题逐步抽象成为数学符号，完成建模。在充分理解分段和进一法的基础上，发挥学生的主动性，放手让学生自主解决，充分交流，从而优化策略，最终形成解决问题的策略：分成两段计费，再合起来。

生1：分段计算

$$7 + 1.5 \times 4 = 13（元）$$

生2：先假设再调整（加上少算的）

$$1.5 \times 7 = 10.5（元）$$

$$7-1.5 \times 3 = 2.5 （元）$$
$$10.5+2.5 = 13 （元）$$

生3：7+1.5×3.3（错）

……

师：你们能否用更简单的方式将计程车收费标准表示出来。

通过学生们的讨论得出

$$a=7+1.5 \times b \qquad （b 为超过 3 \, km 部分）$$

师：你喜欢用哪种方式来知道收费标准？为什么？

通过正误的对比，不同方法的优化比较，使分段计费思路更加明确。在此基础上通过数学建模，让学生感受到数学的优点。

3）应用展开——回归生活，解决问题

数学建模重要的现实意义是要将数学模型应用于生活，并解决生活中的问题。为此，设计3个层面让学生展开应用：

（1）正反运用，检验模型。

找一个学生乘坐出租车的单据，让学生算出应付费用。

利用另一个同学所付费用，算出这位同学最远坐了多远。

用学生自己收集到的资料作为教学资源，运用 $a=7+1.5 \times b$（b 为超过 $3 \, km$ 部分）来验证收费和行驶的里程数。使知识与生活联系得更加紧密，正反运用使学生对分段计费理解更加充分，让生活走进数学，数学模型应用于生活。

（2）拓展生活应用，发展模型。

新课程标准更多地强调学生用数学的眼光从生活中捕捉数学问题，探索数学规律，自主地解决生活中的实际问题，从而形成能力。为此，让学生解决水费、电费、邮费等生活中常见的收费，拓展生活应用，使分段计费模型得到了扩展。

（3）应用模型，感悟生活。

数学不仅仅要解决生活中的实际问题，而且还要去探寻这种现象的社会原因，感悟生活。为此，要求学生寻找生活中的分段计费，然后办一份小报（图1、图2）。在这次综合实践活动中，不但掌握了更复杂的分段计费模型，而且了解了更深层次的社会因素。

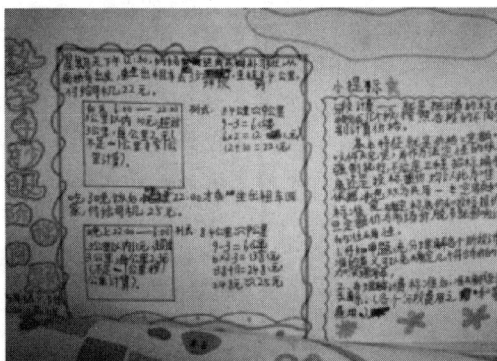

图1 "分段计费"小报（一）

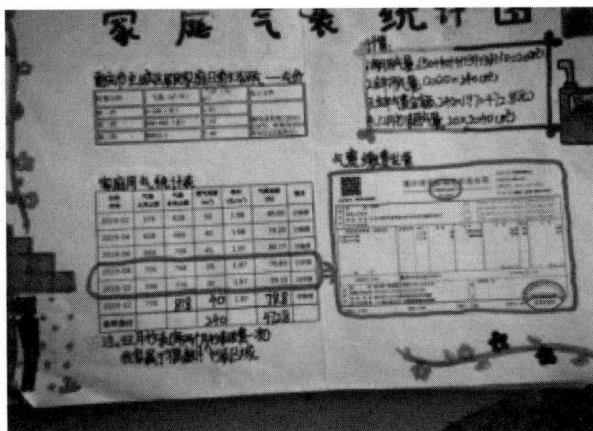

图 2　"分段计费"小报（二）

2. 总结反思

小学数学的建模教学要引导学生捕捉生活现象，发现数学问题，将数学教学与生活接轨，构建数学模型，并运用数学模型去解决生活中的实际问题。打通学科学习与生活之间的壁垒，促使学生获得对数学理解的同时，在思维能力、情感态度与价值观等方面得到进步和发展。

五、在生活实践中体验创新之乐

教育要培养一个完整的人。教育要在真正的生活中实践，学生才能在真实、丰富多样的生活中成长。当前，我们迫切需要走出教育与生活"两张皮"的误区，解决教育脱离生活、脱离实践的问题，让教育回归生活。

（一）学生实际生活是立足点

综合与实践要克服当前教育脱离学生自身生活和社会生活的倾向，面向学生完整的生活。只有牢牢抓住生活世界，才能设计和开发出真正的综合与实践活动。要达到综合与实践"活动育人"的目标，资源自然是"生活世界"。

【案例】

一个周末，女儿在玩耍时拿出妈妈的高跟鞋穿着玩，看她一歪一扭地在客厅走着的样子，忍不住笑着问她："你干吗穿妈妈的鞋子？"她说"我看妈妈、阿姨们都喜欢穿高跟鞋，想试试穿起来是什么样子？""高跟鞋是谁发明的？妈妈这么多双高跟鞋？为什么不给我也买一双？"想想在上数学课时，孩子们在计算穿鞋的最佳高度时总是兴趣盎然。

对呀！孩子们对高跟鞋这么感兴趣，他们在看到高跟鞋的时候也会产生很多千奇百怪的问题。进一步分析这些问题，不难发现事实上孩子们的问题和想法中蕴含着丰富的学科知识。例如，"高跟鞋从何而来"的背后蕴涵丰富的历史知识，"哪些人喜欢穿高跟鞋""穿多大多高的鞋"背后蕴含数学、信息技术、美学等知识；"设计一双自己喜欢的高跟鞋"，则与艺术等学科知识密切相关。可是，这些问题过去都被家长、教师忽视了，要么浅尝辄止，要么不了了之。其实，课程资源就在我们身边，就在孩子们的问题中。唯有基于学生的真生活、真问题，才能引发学生的真参与、真探究。

（二）生活理解力与创造力是关键

所谓"生活理解能力与创造力"，就是把学科知识运用于真实生活情境，解决复杂问题能力。它是学生欣赏美和创造真善美的高级能力，是人类迎接未来挑战的核心素养之一。

【案例】

在设计"妈妈的高跟鞋"时一直在不停地追问：选择的主题是否体现学生的需要，是否有探究价值，学生是否能基于学科思考，运用了哪些学科观念，能产生哪些生活理解，经历了哪些实践，创造了什么作品。基于此，有了以下设计：

"妈妈的高跟鞋"设计

内容	高跟鞋从哪里来	谁喜欢穿高跟鞋	妈妈的高跟鞋	穿高跟鞋好吗	高跟鞋嘉年华
设计意图	让学生从历史的角度去研究高跟鞋，通过鞋的变迁历史感受时代的变迁	让学生以小组为单位自己提出问题，然后进行问卷调查，利用信息技术进行数据分析。写出调查报告掌握问卷调查的方法，感受数据分析在生产生活中的巨大作用	掌握欧洲码、美国码、中国码的换算方法，动手测量脚的大小，通过计算符合美学的高跟鞋的最佳高度。感受数学与审美、数学与生活的广泛联系	让学生从健康和美学的角度去认识高跟鞋，了解高跟鞋与健康之间的关系，然后开展辩论赛，学会辩证地看待身边的事物，美丽的不一定是健康的，适合别人的不一定适合自己	让学生通过画、折、3D打印、制作自己最喜欢的高跟鞋。让学生以自己最喜欢、最擅长的方式设计出自己最有创意的高跟鞋

这些学生感兴趣的生活主题将学科知识融入生活主题，让学生运用学科观念去协作解决问题，不断产生自己的观点，持续进行生活理解和学科理解。

（三）要突出活动实践性

《义务教育数学课程标准（2011年版）》提出，"综合与实践"的教学，重在实践、重在综合。要求学生亲自参与，在"做"中体验数学。

从本质上看，综合与实践是一种基于实践的学习。它强调学生的"体验""体悟""体认"。因此，综合实践活动是由学生"做"出来的。只有在亲身"动手做、实验""探究""设计""创作""反思"等一系列活动发现问题、解决问题，体验和感受生活，实践能力和创新能力等核心素养的培养才能真正落地。我们秉承这一理念，坚持让学生"做中学、学中做"。

【案例】

以"设计一双自己喜欢的高跟鞋"为例，学校请来了鞋厂师傅、大学教授教与孩子们一起认识材料，一起剪裁，一起动手制作，体验制作高跟鞋的真实过程。同学们在此基础上设计了很多创意高跟鞋（图1—图4）。

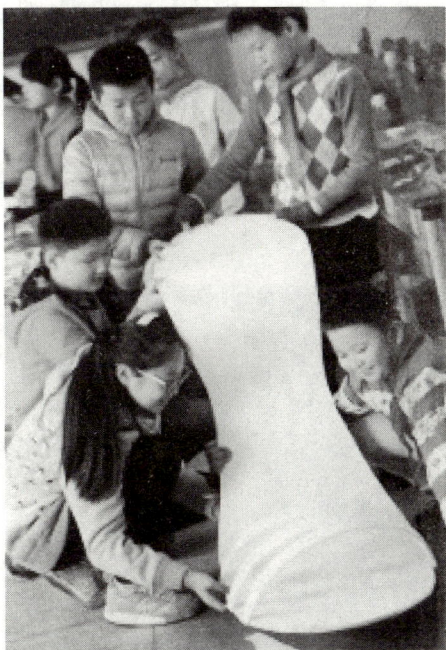

图1

图2

图3

图4

同学们联想到能不能把高跟鞋做成其他艺术品，于是利用高跟鞋制作了的门帘、胸针、耳环等充满创意的作品。

有的同学为了研究多高的高跟鞋才能符合美学上的黄金比，经过一个月的反复探究，在数学老师的帮助下，终于总结出了最佳高度＝（身高 ×3- 腿长 ×5）÷2 的公式。还有的同学设计了自己的"春、夏、秋、冬"系列高跟鞋，并向全校学生发布，其精彩的创意和独特的审美让人惊叹！

我们要让学生走出校园融入火热的生活，发现个人生活中与社会生活中的现象与问题，基于学科思维，运用学科知识，亲自去探究、体验与实践，由此发展学生生活理解力和创造力，形成直面生活的态度、热爱生活的生命情怀、勇于担当的生活责任感，才能把握综合实践的本质，体现价值。

六、作业设计融入生活中

综合与实践通过实际调查、动手实践、开展研究等活动，使学生认识到数学与现实世界和其他学科的联系，体会数学知识之间的内在联系，感受数学的内在魅力，体会数学的价值，使数学在知识技能、数学思考、问题解决、情感态度等方面得到全面发展。

社会是学习活动的最终实践场所，也是一个很好的学生学习成果的检验载体。小学生对很多事物都难以理解，又往往对新鲜事物充满了好奇和探索，这就会带来一些奇妙的思维。将学生的这股热情投入综合实践活动中，让学生用自己的眼睛去观察生活，用自己的心灵去感受生活，在亲自动手实践中真正学到有用的知识，真正把自己学到的知识运用起来。

在设计综合与实践作业时，以书本知识为基础，紧紧围绕每册书每一单元的知识点，设计与生活紧密联系的综合实践拓展作业，用生活化的实践活动激发学生学习的兴趣。把学生从课堂引向课外，把学习和生活紧密联系起来，既避免了学生对知识停留在书本及试卷的浅薄意识，又激发了学生主动学习的潜力，在获取知识的同时发展了思维及认知能力。

【案例】下面是一年级下册和三年级下册的一次拓展作业。

2020—2021 学年度下期
重庆市玉带山小学生活教育拓展课程作业单

学科：数学	年级：一年级
作业主题：100 以内的加法和减法	作业时间：

作业完成建议：

通过本单元的学习，我们学习了 100 以内的加法和减法，学会了解决简单的实际问题。同学们，你们了解物品的价格，想开一个"小小购物超市"吗？来试一试吧！

1. 学生从家中选出 15 种不同的物品，根据生活经验和家长一起为这 15 种物品定价（最好是整数，100 元以内，各种价位的物品皆应有），并填写入表格中。

物品	价格	物品	价格	物品	价格	物品	价格	物品	价格
物品	价格	物品	价格	物品	价格	物品	价格	物品	价格
物品	价格	物品	价格	物品	价格	物品	价格	物品	价格

2. 根据购物要求挑选物品，学生自主购物，一次最多可购买 4 件物品，并完成作业反馈单上的表格。

2020—2021 学年度下期

重庆市玉带山小学生活教育拓展课程作业反馈单

学科：		班级：		
姓名：		我的作业：		

作业呈现方式：照片、图画、文字描述、思维导图等都可以哦！

1.完成购物表：

购物要求	购买物品	总价格	100 元是否够买
80 元钱可以买什么？			
你最喜欢买什么？			
妈妈可能会买什么？			
送好朋友会买什么？			

2.我的收获及感受：_____

_____

作业评价	学生评价	家长评价	教师评价
	☆ ☆ ☆ ☆ ☆ ☆	☆ ☆ ☆ ☆ ☆ ☆	☆ ☆ ☆ ☆ ☆ ☆
评　语			

2020—2021 学年度下期

重庆市玉带山小学生活教育拓展课程作业单

学科：数学	年级：三年级
作业主题：除数是一位数的除法	作业时间：

作业完成建议：

　　通过本单元的学习，我们的计算能力一定又有了不小的提升，能帮助我们解决更多生活中的问题。记录家庭一周的消费，算一算，你们家平均每天消费多少元，相信你一定做得很棒哦！

　　1.和爸爸妈妈交谈，连续一周，记录每天的家庭消费，看一看，每天日常消费中，哪一方面消费最多，哪一方面消费最少。

　　2.算一算，我们家平均每天大约消费多少元钱。

　　3.试一试，把我们家的消费记录做成"数学日记"或"数学手抄报"。

2020—2021 学年度下期

重庆市玉带山小学生活教育拓展课程作业反馈单

学科：	班级：
姓名：	我的作业：

作业呈现方式：照片、图画、文字描述、思维导图等都可以哦!

1.完成"数学日记"或"数学手抄报"（附 A4 纸上）。

2.我的收获及感受：_____

_____

作业评价	学生评价	家长评价	教师评价
	☆☆☆☆☆☆	☆☆☆☆☆☆	☆☆☆☆☆☆
评　语			

在设计上，将课本知识拓展并运用到生活中，特别注重了呈现形式的多元化，如数学日记、数学手抄报、思维导图、照片等，增强了学生的学习兴趣，将各学科融入其中。在评价上，由原来单一的教师评价，增添了学生评价和家长评价，把学校、家庭和社会3个方面串联在了一起。

七、综合与实践能力评价创新

苏霍姆林斯基说，儿童的智慧出在他的手指尖上。《义务教育数学课程标准（2011年版）》指出，动手实践是学习数学的重要方式，这些都充分说明动手操作的重要性，它应该成为学生学习数学的有效手段。因此，评价活动的测试题应关注学生的数学现实，体现数学与生活之间的联系，具备较强操作性的实践活动内容。

【案例】

在一年级的评价活动中选择核心内容"认识图形和人民币"，在二年级的评价活动中选择核心内容"图形的运动"，以一年级和二年级的全体学生作为测试对象，每个班选择一位家长进行监考，将每个班的学生分为8个小组，每组6名学生，分别由8名六年级的学生进行检测，并将测试结果划分为3个等级：优、合格、不合格。其中，一年级下册"认识图形和人民币"数学综合实践能力评价方案见表1，二年级下册"图形的运动"数学综合实践能力评价方案见表2。

表1　一年级下册"认识图形和人民币"评价方案

评价内容	资源准备	评价标准	评价指标
认识图形和分类	若干个平面图形	指出平面图形的名称并把所有图形进行分类	1.认识图形：选错0～2个图形为优；选错3～5个图形为合格，选错6个以上为不合格
认识人民币	若干份物品价格表	能根据物品的价格拿出相应的人民币	2.认识人民币：拿错0～1次为优，拿错2～3次为合格，拿错4次以上为不合格 3.两项优综合评定为优秀，一项优一项合格评定为良好，两项合格评定为合格，有一项不合格者评定为不合格 4.班级人数70%合格为合格，80%合格为良好，90%合格为优秀

表2　二年级下册"图形的运动"评价方案

评价内容		资源准备	评价标准	评价指标
图形的运动	平移	学生自己准备一个小物品及6个轴对称图形	能把自己准备的物品进行上下左右方向进行平移	1.3个部分都正确为优，两个部分正确为合格，1个部分正确或全不正确为不合格 2.班级人数70%合格为合格，80%合格为良好，90%合格为优秀
	旋转		能把自己准备的物品进行旋转	
	轴对称图形		能折出对称图形的对称轴	

由表1和表2可知，根据课程标准和学生的实际情况，分别对每一个评价内容制订了评价标准，结合三级评价指标，对每一个评价内容制订了优、合格和不合格的标准。为考察每个班的整体水平，根据每个班的合格率制订出相应的合格、良好和优秀标准。其中，每个评价内容的测试题如下：

（1）一年级下册"认识图形和分类"测试。从16个图形中选出本期认识的平面图形并进行分类（其中包含有干扰图形）。

（2）一年级下册"认识人民币"测试：学生根据价目表拿出应付的准确价格。

（3）二年级下册"图形的运动"测试：在图形的平移和旋转的测试中，学生将自己准备的物品按照指定方位平移，能进行旋转，在轴对称图形的测试中，学生对指定的对称图形进行操作，折出对称轴。

以操作性的数学活动为载体测试学生的数学综合实践能力，让学生的学习不仅仅是停留在书本上，调动了学生的学习热情，学生变得更爱动手、更爱钻研，更喜欢学习数学了。活动后，对每个班的检测结果进行整理和分析，每个班均达到优秀。可见，在小学开展符合新课标理念的数学综合实践能力评价活动是有意义、有价值的。

综合与实践能力评价的创新打破传统的评价方式，改变一张试卷定成绩的单一评价方法。数学综合实践能力评价活动，以动手操作的方式考核学生在数学学科中知识技能的掌握情况及解决实际问题的能力，可培养学生的数学学习兴趣，建立数学学习的自信心。注重对学生学习数学时所表现的情感、态度、价值观进行评价，培养学生良好的数学学习习惯及学习兴趣。

操作性数学活动让学生能在做中学，同时在做中应用已学的数学知识解决问题，使枯燥抽象的数学变得直观形象。同时，在操作活动中，可培养学生的数学应用意识，体会现实生活与数学的密切联系。

附　录

附录一　数与代数和生活融合教学设计

课题：

有余数的除法。

教学内容：

人教版《数学》二年级下册 P.59—P.61，第六单元例 1、例 2。

教学目标：

1.通过圈一圈等操作活动，使学生理解认识余数，知道余数的意义，并会用除法算式表示。

2.借助小棒摆正方形的操作，使学生巩固有余数的除法的含义，并通过观察与比较探索余数和除数的关系，理解余数比除数小的道理。

3.培养学生的观察、比较、概括能力，体会有余数的除法和生活的联系。

教学重点：

使学生理解余数及有余数的除法的意义，探索并发现余数和除数的关系。

教学难点：

让学生在学习过程中理解余数要比除数小的道理。

教学过程：

课前交流（抱团游戏：桃花朵朵开）：

（1）孩子们还记得我吗？我是谁？马老师很高兴能和大家再次见面！你们高兴吗？高兴的孩子对我挥挥手！真可爱，谢谢大家！

（2）孩子们你们喜欢玩游戏吗？采访一下，你们最喜欢玩哪些游戏？（采访 3～4 人）

（3）今天马老师也为大家准备了一个游戏，想玩吗？看看游戏的名字叫什么？桃花朵朵开（音乐20秒再关），请听游戏规则：我说桃花桃花朵朵开，你们就问：几朵开？我说：两朵开，你们就两人抱成一团。如果我说5朵开，你们就……明白规则了吗？我们来试一次。

（4）现在我想邀请最乖的一个大组上来玩，其他孩子仔细观察（学生说不够，要注意转化，就是还有剩余）。

（5）孩子们，你们觉得这个游戏好玩吗？在刚才的游戏中，马老师发现<u>有时候我们的人数刚刚好，可以整组抱团成功；但有时候又会出现人数不够有剩余的情况（要注意组织学生）</u>。其实，在这个游戏中蕴含着有趣的除法知识，今天这节课我们就继续来研究除法！（板书课题：除法）准备好了吗？上课！起立！

一、开门见山，引入新课

师：孩子们，看今天马老师还邀请了大头儿子和小头爸爸来和我们一起学习！（出示课件）

a 小头爸爸：大头儿子，听说这学期你们学习了一种新的运算，对吗？

b 大头儿子：对对对，爸爸，这学期我们学习了除法！

c 小头爸爸：学会了除法，那今天我们就和大家一起来玩分一分的游戏吧！

d 大头儿子：好呀好呀！

e 小头爸爸：把下面这些草莓，每两个摆一盘，摆一摆（课件出示主题图）。

二、动手操作，探究新知

（一）实践操作，理解余数

1.理解题意

师：看一看（手势两边），小头爸爸分别要我们分什么？怎么分？

左边，数一数，谁来说一说（手势）（当学生介绍时，提醒他注意面对同学们）

（1）把6个草莓，每两个摆一盘，摆一摆（师板贴）。

（2）把7个草莓，每两个摆一盘，摆一摆（师板贴）。

2.初次操作，激活经验（6个草莓）

（1）6个草莓（手势指），谁想上来摆一摆。

其他同学仔细观察（强调学生边摆边说）。

（说：6个草莓，每两个摆一盘，摆了3盘）同意这样摆吗？

（2）全班梳理过程。

我们把刚才摆的过程一起说一说。

摆完了没有，（摆完了）正好摆完（板贴：摆3盘，正好摆完）。

（3）列算式解决。

①刚才这个摆的过程怎样列式呢？一起说（6÷2=3）（板书：6÷2=3，同时点课件）单位名称是（盘）。

②为什么用除法来计算？（平均分）

对，其实这里就是在求6里面有几个2。

3. 再次操作，理解余数（分7个草莓）

1）学生独立操作

7个草莓，结果又是怎样呢？拿出1号信封里的学具，摆一摆。

（巡视时提醒：如果你能边摆边说就更好了）

第一次：滴答滴答——时间到。

2）交流汇报

哪位同学愿意上来摆一摆。大声地边摆边说。

抽摆得正确的学生上台操作（老师：你跟展示同学摆法一样的请坐端正）。

（1）你们有不明白的地方吗？（生或师问：为什么那1个不摆成一盘呢？）

小结：原来1个比2个少（注意手势指信息），不够摆一盘，故不能再分。

（2）把这1个随便放进其中一盘，行吗？

老师：这1个既不能单独摆一盘，又不能任意放进这3盘中，那这1个就只能余下来（板贴：1个草莓），像这样的情况就是我们今天要学习的"有余数的除法"（板贴：有余数）。

（3）梳理过程：刚才分的结果是摆3盘，还剩1个（板贴：摆3盘，还剩1个）。

谁能把刚才摆的过程完整地说一说（抽1生，再全班齐说）。

3）列算式

这个过程还可用算式记录下来（手势指右边）？拿出本子试一试。

老师收集到这几个孩子的写法，我们一起来看看。

①7÷2=3盘　　②7÷2=3盘剩1个　　③7÷2=3……1　　（给3种情况编号）

老师：3个算式都用到了除法，究竟谁对呢？（抽1生，3种都评价）

（1）学生点评算式。

（2）老师：看来大家都认为剩下的1个需要在算式表示出来（手指草莓），而算式像以前那样写，就不能准确表达这种分物的结果。

（3）第三种算式，哪些孩子写到了，你们厉害了，厉害在居然和数学家的表示方法完全一样（课件出示算式），老师给你们点赞。

4）我也写一写（板书：7÷2=3（盘）……1（个））

（1）介绍余数。

（师边介绍边板书）：（直接板书7÷2=，分的结果是3盘，板书3盘），还有剩余的，就用省略号表示（红笔板：……），还剩1个，就在省略号的后面写1个（板：……1（个））。这个平均分后不能再分的数，数学上就叫余数（红笔板书：余数），大声地说出这位新朋友的名字吧！

（2）谁能上来结合图，说说算式中的每一个数分别表示什么？（抽1生，上台边指边说）

（3）咦，余数和商的单位怎么不一样呢？

小结：有了这位新朋友了，更要注意根据数字在情境中表示的意思，才能正确书写单位。

（4）现在你觉得余数表示什么？

小结：余数表示平均分后不能再分的数。虽然它不能再分，但能不能不写？

5）算式的读法

这个算式读作：7除以2等于3盘，余1个，我们一起读一读。

4. 对比

（手势两幅图）刚才我们分了两次草莓，它们有什么相同的地方和不同的地方？（停顿几秒）说给同桌听听。

第二次：滴答滴答——时间到。

预设：相同的是：都是每两个一盘；都分了 3 盘；算式都用到除法。

不同的是：左边是分 6 个，右边是分 7 个；左边刚好分完，而右边有剩余；左边的算式没有余数，右边有余数。

评价：他从分的总数、分的要求等方面进行了对比，会观察；他发现分的结果不同，表示出来的算式也就不一样（抽两生）。

小结：同学们，我们通过对比，发现分物品时可能刚好分完，也可能会有剩余。其实，生活中分物品时确实没有那么多的刚刚好，常常会有剩余的情况，而有余数的除法就是在解决平均分后有剩余的问题。

5. 巩固练习（书 P.60）

过渡：孩子们，你们学会了吗？大头儿子也学会了。

f 大头儿子：爸爸，我知道了，有余数除法就是平均分后还有剩余才产生的对吗？

g 小头爸爸：对的！

h 大头儿子：分一分的游戏真好玩，我还想去分一分！

i 小头爸爸：那就和同学们一起打开书 60 页，在"做一做"第 2 题上，圈一圈，填一填。

（1）打开书 60 页，完成第 2 题，看屏幕，有两个小题哦。

学生独立完成之后，抽 1 生展示（学生读算式）（再展示课件）。

（2）订正：这里的商和余数在图中分别表示什么呢？

（PPT）老师：都是平均分 9 支铅笔，由于分的要求不同（PPT），商和余数的单位名称也不同（PPT）。

（二）余数和除数的关系——"用小棒摆正方形"

过渡：刚才我们通过摆一摆、圈一圈、画一画，分了草莓和铅笔，学习了有余数的除法，小头爸爸还要邀请我们继续分物品。

j 小头爸爸：接下来，让我们玩一个用小棒摆正方形的游戏。同学们，请问摆一个正方形，至少要几根小棒？（PPT 动画出示摆一个正方形的过程）

过渡：大头儿子遇到了一个问题。

k 大头儿子：我有 8 根小棒，请问能摆几个正方形？

师：回答得这么快，怎么想的？（因为 8 里面有两个 4）摆摆看呢？（PPT 动画出示摆两个正方形的过程），这个过程用算式怎样表示？（课件：8÷4=2）

小头爸爸："同学们，如果我用 9 根、10 根、11 根……继续像这样摆正方形，摆完后可能会出现什么情况呢？"

预设：除了出现有余数的情况，还有其他的可能吗？

小结：他是结合前面分物的经验猜测，可能会出现两类情况：可能会刚好分完，也可能会有余数。

师：那究竟是不是这样的呢？让我们同桌合作，一起摆一摆、看一看。请谁来读一读合作学习要求。

合作要求：

（1）一人先用小棒摆正方形。
（2）另一人在表格中写出算式。

请拿出 2 号信封和学习单，开始吧。

1. 展示汇报（拍 4 张作品投屏，抽 2 组孩子汇报摆的过程和算式）

第三次：滴答滴答——时间到。

汇报 9 根（规范语言：我用 9 根小棒，摆了两个正方形，还剩 1 根。另一生：算式是……）。

老师把孩子们摆的情况整理出来，请看（课件）。

2. 脱离小棒，判断 13 ～ 16 根小棒可以摆几个正方形，剩余几根（收学具）

简单吗？那当然咯，你们是摆了小棒的。要是不摆小棒，你能想象出 13 根、14 根、15 根会出现什么情况呢？

（抽两生，最后一起说）

（随着学生回答，逐一出示摆小棒过程和算式）

3. 结合图形，观察算式，发现余数和除数的规律：余数一定小于除数

（1）仔细观察，这些算式的余数和除数，你有什么发现？（停顿）说给同桌

听一听。

第四次：滴答滴答——时间到。

抽生后，问：是不是这样呢

（2）质疑：对呀，为什么余数总是1，2，3，而不是其他的数呢？

（3）师生互动：

预设1：如果是4根的话，就可以再摆1个了。

老师：咱们一起来看看，如果余数是4，4根小棒就可再摆一个正方形。是不是这个意思？

（课件：16根摆成正方形的过程）那16根小棒能摆出几个正方形。算式16÷4=4（个）。

预设2：余数不能是4，那比4大行不行？如5根。

老师：5根里面又有一个4，又可以摆一个正方形？

（4）到底余数和谁有关系？有怎样的关系？

4.汇报：余数小于除数

（结合PPT验证）通过观察，我们发现除数都是4，余数是1，2，3不断重复出现，说明余数总是小于除数（板书：余数＜除数）；反过来，也可以说除数总是大于余数。这真是一个重要的发现！让我们一起大声地读一读。

5.课件出示：P.61做一做

l小头爸爸：同学们恭喜你们发现了在有余数的除法中余数总是小于除数，那么根据这一发现请大家想一想，用一堆小棒摆五边形，如果有剩余，可能会剩几根小棒？如果是摆三角形呢？

师：谁来说一说？你是怎么想的？（抽生：余数＜除数）

三、回顾总结，梳理知识

同学们，通过今天的学习你们有什么收获？

四、巩固练习，拓展提高

小结后已经40 min。

孩子们，今天学得很认真，有了这么多收获！小头爸爸感到非常高兴！特意让我准备了一盒糖让大家课后再玩一玩分一分的游戏！听听他还要对大家说什么？

小头爸爸：同学们在刚才分草莓、摆图形、分糖以及课前的抱团游戏中都藏着有余数的除法知识。其实，在大千世界中有余数的除法无处不在！联系生活，你还能举一个有余数除法的例子吗？

师：同学们真能干，还能联系生活举出有余数除法的例子，了不起！马老师希望大家继续用数学的眼光去发现生活中更多的问题，好吗？

附录二　数与代数和生活融合作业设计

在学生理解百分数的意义、能用分数四则运算解决实际问题、会解决一般性的百分数问题的基础上，我们要理解折扣、成数、税率、利率的含义以及与百分数有关的实际问题。学会了这些知识，就可以当一名小小理财师。

（1）去附近银行调查最新的利率并做好记录，再与数学书上的利率表对比，了解国家调整利率的原因。

（2）帮妈妈理财。

妈妈打算把 5 万元存起来，现有以下 3 种理财方式可供选择：

①1 年期理财产品，连续买 3 年，年利率 5%。

②定期 3 年，年利率 2.75%。

③3 年期国债，年利率 4%。

请你帮妈妈算一算，买哪种理财产品最划算？

附录三　图形和几何和生活融合教学设计

课题：

轴对称图形。

教学内容：

人教版《数学》二年级下册 P.29。

教学目标：

（1）通过观察操作等活动，直观认识轴对称现象，了解对称轴，能辨认轴对称图形。

（2）经历折一折、剪一剪、辨一辨的过程，培养学生的观察能力、想象能力和表达能力，发展学生初步的空间观念。

（3）体会现实世界的对称现象，感受对称的价值，激发学生学习数学的兴趣。

教学重点：

能辨认轴对称图形。

教学难点：

正确表述轴对称现象。

教学准备：

课件、教学卡片、长方形纸、菱形纸、磁钉。

学具：

每组的卡片，平行四边形卡片、剪刀、手工纸、圆片、磁板等。

教学过程：

课前活动：孩子们好！还记得我是谁吗？马老师来自哪个学校呢？我们小学每年都会开展丰富多彩的活动，想去看看吗？跟随马老师的镜头一起去看看吧！

采访学生：感觉我们学校的活动怎么样？你喜欢我们学校吗？这些剪纸作品漂亮吗？

看看这一张普通的纸，在老师的巧手之下会剪出什么呢？猜猜老师剪的是什么？揭晓谜底了哟——花瓶。其实，一幅简单的剪纸作品还蕴含着有趣的数学原理，现在就让我们一起走进今天的数学课堂。

一、激活生活经验，初步感知对称现象

1. 欣赏对称现象

生活中，我们经常会看到这样的事物（依次出示剪纸、故宫、蝴蝶、飞机、龙袍、山水画）。虽然它们的形状、大小、颜色各不相同，但它们却有一个相同的地方，找找看。

预设1：它们都是一样的。

预设2：它们都是对称的。

刚才有几个孩子都说到有一个词语——对称，怎样才算对称呢？预设：两边一样的。

剪纸是哪两边一样？剪纸是上下对称的；飞机是哪两边一样？飞机是左右对称的。

小结：我很欣赏大家有一双会观察的眼睛。像这样，物体或图案左右或上下两部分——形状和大小都完全相同，我们就称为对称现象（板书：对称）。

2. 寻找对称现象

其实，对称现象在我们生活中还有很多，你们能找到吗？

孩子们很会观察，老师找了一些物体（课件出示4个图）。

3. 引出对平面图形的研究

为了便于研究，我们沿着轮廓把它们画下来，就成了一个个的平面图形（衣服、飞机、树、音符）。

二、动手操作"折"，研究轴对称图形

1. 初步感知"对称"，理解重合

1）仔细观察，这些图形是否对称

（1）（是……不是……）大家意见不统一，看来仅凭观察不能准确判断，我们需要用更科学、更严谨的方法来验证。

（2）（学生都说不是）真的是这样的吗？看来仅凭观察不能准确判断，我们需要用更科学、更严谨的方法来验证。

老师为大家准备了一个信封，里面装有4个图形。来，一起来看合作要求，

谁来读读要求。明白要求了吗？好，开始。

合作学习：

想一想：用什么方法来验证自己的判断？

试一试：选择自己喜欢的图形动手验证。

说一说：把你的发现说给同桌听一听。

2）全班反馈

先抽1生汇报衣服图，你是用什么方法来验证的？

衣服图：（学生介绍：我通过对折，两边是一样的，不多也不少，衣服是对称的。抽两生）

刚才这个孩子说两边完全一样，不多也不少（灵活），用一个简洁的词语，"重合"来描述。

小结：（手拿衣服图）衣服对折后左右两边重合了，它就是左右对称的。

后面这3个图，谁愿意上来验证。

飞机图：（学生介绍后）飞机对折后，也重合了，上下对称。

树叶图：……

音符：对折后，上面部分重合了，下面部分没有重合，这就不能算完全重合。因此，音符不是对称的。

2.强化梳理，理解"完全重合"

1）对比

这3个图对折后（指课件），它们算完全重合吗？（板书：完全重合）因此，它们就是对称的，而音符图没有完全重合，就不是对称的。

2）明确对称

现在，你认为怎样才能算对称？

3）轴对称图形的概念

刚才大家都采用怎样的方法验证？对折（板书：对折），（贴黑板）衣服、飞机、树叶（点课件语音播放）对折后折痕两边的部分完全重合，这样的图形是轴对称图形。

4）完善课题

齐读"轴对称图形"。

这就是我们今天认识的新朋友——轴对称图形（板：轴——图形）。

轴对称（指轴对称）只是我们对称现象中的一种情况。

三、动手操作"剪"，再次感受轴对称图形特点

（1）你们想象马老师这样剪一个轴对称图形吗？赶快动手试试吧！

（2）反馈（先正确后错误）。

①正确：（1生上台，使用展台）现在我们请这个同学来说说他是怎么剪。听了他的介绍，你认为剪轴对称图形，第一步干什么，第二步……

老师：1折……（课件）。

你也用到这样的方法，剪成功的孩子向老师挥挥手。

②错例：老师发现了一个与众不同的作品，这个作品出现了什么问题？你想提醒大家注意什么？（沿折痕画）

小结：看来对折后，要在靠近折痕这边画图形的一半，这样剪出的图形才正确。

不过这个图形剩下的部分，是不是轴对称图形呢？

（3）老师收集了你们的作品，还没有来得及打开，请根据对折后的一半，猜猜它是什么图形。（猜3个，依次贴出作品）恭喜你答对了。

（4）对称轴的概念。

①"轴"。

这些展开的剪纸以折痕（手势指作品的折痕）为界，左右或上下都能完全重合，说明它们就是——（轴对称图形）。轴对称图形的"轴"在哪里呢？（抽1生说，再上台指）

②介绍对称轴。

（指一个图）这条折痕所在的直线在数学上就是轴对称图形的对称轴。

③画对称轴。

（再指飞机图3个）用你们的手势比一比它们的对称轴。老师来画一画对称轴，通常要用直尺画虚线表示（板书：对称轴）（老师逐一画出3条对称轴）。

小结：其实，要判断是不是轴对称图形，就是看能否找到这样一条直线，沿着它对折，两边能够完全重合。

四、巩固练习，夯实基础

刚才我们认识了轴对称图形和对称轴，你能接受挑战吗？

（1）下面这些图形中，哪些是轴对称图形？请在下面打"√"（书 P.29 做一做）。

汇报展示：（抽 1 生展台展示）

紫荆花到底是不是轴对称图形？

（请说是的学生）你找到的对称轴折哪儿？（课件）想象一下，沿着这条直线对折后，两边能完全重合吗？

预设 1：全班都认为不是。是不是真的不是，我们一起来折一折（师折）。

预设 2：还有人认为是。抽说是的学生，折验证。

小结：紫荆花对折后，两边没有完全重合，不是轴对称图形。

通过刚才的练习，我们再次对轴对称图形有了更深刻的认识。

（2）有趣四连拍。

孩子们喜欢拍照吗？可爱的小乌龟正在玩四连拍呢，我们一起去看看吧。小乌龟的照片出来了（4 幅全出）。

①哪些是轴对称图形？ 1 号、2 号……

②4 号小乌龟，怎样伸缩手脚能变成轴对称图形？

③学生创造对称动作。

看着小乌龟玩，你们心动了吧，想不想来玩玩四连拍，马老师给你们拍，你们比动作，要求是你比的动作必须是轴对称的哟，全体起立，准备好了吗？倒数 3……2……1（师拿手机照相）。

孩子们，你们的造型真是太有趣了！

（3）平面图形的辨析。

看来生活中的图形同学们能判断了，那数学中的平面图形，能判断吗？（考眼力：课件出示：长方形、正方形（斜放）、平行四边形、圆）。

第一层次：订正答案。

第二层次：操作验证平行四边形是不是轴对称图形。

同学们对这个平行四边形是不是轴对称图形产生了争议，那它究竟是不是呢？小组内动手验证一下。

（出示学习要求：1.折一折；2.说一说）

请小组中的一个代表上台汇报，边折边说。

看来这个平行四边形找不到一条直线，沿它对折后，两边完全重合。因此，它不是轴对称图形。

圆：手势比对称轴。（老师：横着、竖着、斜着……究竟有多少条）（课件）通过中心，我们找到了圆有无数条对称轴。

（4）对称变变变。

①老师也剪了一个轴对称图形，对折后一半的样子是这样的（出示实物），想象一下将它展开后再还原，会是什么样的呢？（停顿一下）想好了吗？这个对称轴可能在哪里？

②同桌两个孩子利用桌上的学具摆一摆，还原这个轴对称图形吧。

③学生上台展示，并指出对称轴在哪里？（抽两个图形问）

④小结：对折后都是2，为什么展开后的轴对称图形却各不相同呢？

对称轴还可在其他位置吗，说明它的位置不同得到的轴对称图形就不同。

⑤PPT：我们可用对称的方式，让图形运动起来，就能得到非常美丽的图案。（漂亮吗？你们也能设计出美丽的图案）

五、交流收获，升华认识

师：孩子们，通过轴对称图的学习，你有什么收获？

六、渗透文化，感受价值（微视频）

其实，在我国的剪纸等传统文化艺术中，就大量地运用了轴对称知识，我们一起来看一看吧。（剪纸（剪的视频）、脸谱、书法、建筑）美吗？是的，轴对称给我们的生活带来了很多的美。看，这些图形都是对称的吗？（课件）美吗？对称很美，不对称也有它的美，大千世界，包罗万象，对称和不对称和谐统一，才创造出丰富多彩的美丽世界。

"轴对称图形"的教学设计能很好地体现图形与几何生活化学习的实施，主要体现在以下方面：首先开篇通过出示学生熟悉的生活场景以及建筑物让学生欣赏并初步感知对称现象，在学生感知了轴对称现象之后立马让学生寻找生活中的轴对称现象，学生在自己寻找的过程中会进行判断是否是轴对称图形，这是第一步认识轴对称图形。然后设计了动手操作活动，研究轴对称图形，通过动手折一折初步感知对称，并理解对折后折痕两边的部分完全重合。再后让学生自己动手剪一个轴对称图形，进一步地理解轴对称图形的特征。最后介绍对称轴的概念以及画对称轴。每个环节都与学生的生活实际相结合。

附录四　图形与几何和生活融合作业设计

学科：数学	年级：六年级
作业主题：5单元　圆	作业时间：
作业完成建议： 　　题目：李叔叔新家的卫生间窗户玻璃上需要贴上彩纸，李叔叔打算用圆规和直尺自己设计彩纸的图案，再请店里的老板按照图案生产出彩纸。如果你是李叔叔，你打算设计怎样的图案？试用圆规和直尺设计一个精美的图案。	

附录五 统计与概率和生活融合教学设计

课题：

分类与整理。

教学目标：

（1）引导学生根据给定的标准进行分类，掌握分类的方法，初步感知分类的意义。

（2）经历简单的数据收集和整理过程，尝试用自己的方式（文字、图画、表格等）呈现整理数据的结果，感受图表的简洁。

（3）在分类的过程中，体验分类结果在单一标准下的一致性和不同标准下的多样性。

（4）在与实际生活的联系中，体会分类的目的和作用。

教学重点与难点：

（1）掌握分类的方法，会用不同的标准进行分类，体会分类的标准不同分类结果也不同。

（2）能用图表等形式把整理数据的结果记录下来。

教具与学具：

课件、气球图片、气球图片板贴。

教学过程：

课前活动：从生活现象引入教学。

谈话引入：多吃水果对同学们的身体有好处，可以补充很多营养。今天老师也准备了自己喜欢吃的东西，大家快来看一看。

（课件出示一个大圆桌，上面摆放一些苹果、梨、糖果）

师：这些好吃的堆了满满一桌，你觉得桌上乱吗？

生：乱。

师：那快来帮帮老师，怎样摆放才能让桌上的食物看上去整齐清楚呢？

生：可以把苹果、梨放在一堆，糖果放在一堆。

师：苹果、梨是水果类，而糖果是食品类。大家能根据种类把桌上的物品分成两类，真棒！糖果虽然很美味，但多吃糖果对牙齿不好。因此，请你们在今后的生活中尽量少吃点糖。

师：现在老师把糖拿走了，桌上只剩下了水果。（出示课件）想一想，你还可以怎样分？

生：苹果放一堆，梨放一堆。

师：你们这样分是因为苹果和梨的什么不一样呢？（颜色）

师：大家的眼睛可真亮，观察得特别仔细！我们一起来数一数苹果、梨各有几个？

师：像这样把同一类的物体放在一起，叫分类。这节课我们就一起来学习和分类有关的数学知识。（板书：分类与整理）

【设计意图：本环节教师紧扣生活实际，将需要解决的数学问题与生活中的问题联系起来，寻找数学知识与学生熟悉的生活情境为切入点，使教学内容更具有真实性，让学生充分感受到生活中处处有数学。用轻松的谈话方式开场，了解学生的喜好，引出后面帮教师整理桌上的物品，培养学生乐于助人的好品质，激发其学习的积极性。课始，让学生初步感知分类的含义，并对学生进行品德教育，少吃糖果保护牙齿。】

一、探究新知

（一）引出分类的标准

师：你们喜欢气球吗？看！有这么多气球，它们有什么不同呢？（形状不同、颜色不同）那你看到了哪些颜色？（板书：颜色）（红色、蓝色、黄色）有哪些形状呢？（板书：形状）（心形、糖葫芦形、圆形）师引导学生说，边说边指图。

（二）按给定标准分类

如果把这些气球进行分类，可以怎样分呢？还可以怎样分呢？

老师为大家准备了一个信封，里面装有气球卡片，我们先来试一试按形状分类，下面我们进行合作学习，请看合作要求。

1. 交代分类要求

同桌两人为一组，首先和同桌说一说，按形状应分几类。然后两人合作分一分。最后数一数每类分了几个并记录在本子上。听清楚要求了吗？赶快行动起来！比一比哪组最先完成！

（师快速巡视，并收集好学生作品。分 3 份：重叠在一起的、象形统计图和数字统计）

2. 交流展示

（问全班）你们都分好了吗？

1）重叠在一起的

（1）（投屏学生作品，让生上台介绍）我们一起来看看这组同学分的，你来介绍一下按形状你们把这些气球分成了几类？（3 类）哪 3 类？（请另一生说）那你来说说每类分别有几个？（表扬，请孩子回座位）

（2）老师点评：原来他们是把心形的分为一类，圆形的分为一类，糖葫芦形的分为一类（边说边圈）像这样分的孩子向老师挥挥手。

2）象形统计图（重点了解学情）

（1）那还有这样分的，请你们上台介绍一下，你们是怎样想的？（如果回答不够好，再抽一组也是这样整理的来说一说）

（2）点评：按形状它们也分成了圆形、糖葫芦形和心形。很不错。

3）数字统计

还有这样记录的，请看，你看懂了什么？（糖葫芦形的有 3 个，心形的有 4 个，圆形的有 5 个）

3. 对比

（出示 3 种分类方法）我们把这些气球按形状进行分类，有这样的 3 种方法。

仔细观察，你最喜欢哪种方法？为什么？想好了吗？把你的想法和你的同桌说一说。（师巡视）再请生说一说（学生自己阐述理由，感受图的直观、数据的大小）。

1）象形统计图

排得很整齐，那你知道它为什么排得这么整齐吗？（抽生说）因为它是一个对着一个摆的。看来你喜欢它是因为它是一个对着一个摆的，很整齐。还有没有喜欢第二种的？除了排得整齐以外还有其他原因吗？（抽一生说理由）

（生没有说到谁最多谁最少，就老师说）哪种形状的气球最多？哪种最少？你是怎么知道的？

预设 1：

生：圆形有 5 个，糖葫芦形有 3 个。

师：看来你是数出来的，可以，如果不用数，你能看出谁最多，谁最少吗？

预设 2：

生：圆形的最高，糖葫芦形最矮。因此，圆形最多，糖葫芦形最少。

师：你真能干，直接看图形的高矮就知道谁最多，谁最少了，老师为你点个赞。

看来像第二种方法这样一个对着一个摆不仅看起来排列整齐，还能一眼看出谁最多谁最少。

2）数字统计

不用数就可以直接看出每类有几个。

点评：看来这种方法是分类整理以后还进行了数据记录，看起来确实简单明了。

4. 小结

刚才我们按形状分类，虽然大家表示的方法不同，但从结果看，你有什么发现？（结果相同，糖葫芦形的都有 3 个，心形的都有 4 个，圆形的都有 5 个）为什么？

同样都是这些气球，并且都是在按形状这一标准进行分类，那整理的结果当然就一样咯。

师：看来，把事物按同样的标准进行分类，结果就是相同的（课件呈现：按同样的标准进行分类，结果相同）。（边说边指课件，说慢一点）

（三）象形统计图

师：（过渡语）刚才这么多孩子喜欢第二种方法，袁老师也想用这种方法来分类整理。

1. 观察象形统计图

我们刚才按形状把气球分成了 3 类：糖葫芦形、心形、圆形（边说边板贴：糖葫芦形、心形、圆形）。这是气球的种类（指着说），为了区分气球的种类和每一类的个数，我们可在这里画一条横线（边说边画，用三角尺画）。每类有几个呢？我们一起来数一个，贴一个（师贴每一类的图形）。

2. 介绍象形统计图

看看，这一列都是糖葫芦形的，这一列都是心形的，这一列都是圆形的（边说边指图）。像这样把同类事物（手指图）排成一列（停顿）画出的图，数学上称为象形统计图（板贴：像这样把同类事物排成一列画出的图，叫象形统计图）。大声地说一说它的名字：象形统计图。就像同学们前面说到的那样，它不但能把分类的结果清楚地表示出来，还能方便我们进行比较。

3. 从下往上数

现在我们一起来数数心形有几个？说说你准备从哪里开始数？（通常我们从下往上数）

谁来数数心形有几个？其他同学注意观察他是从哪里开始数的？怎么数的？

按照刚才的方法，我们一起来数数圆形的个数。

4. 迁移按颜色分类

这些气球除了可以按形状分类，还可以怎样分？（按颜色分）你会分吗？赶快和同桌一起试试吧！

展示学生的统计图，让生说一说，按颜色分将这些气球分成了几类？哪 3 类？每类有几个？像这样分的孩子向老师挥挥手。

收放学具：现在请孩子们把气球宝宝送回信封里休息。

（师带着生齐说）我们一起来整理一下，这里我们可用文字表示气球的种类，按颜色分可将这些气球分成 3 类，分别是蓝色、红色、黄色（板贴：蓝、红、黄。）一起数一数每类有几个？（师带着生边数边贴每一类气球图形）

（四）对比两种分类标准的相同与不同

看，今天我们都是在将这些气球进行分类整理，我们先是找到了分类的标准，再进行了分类和整理。这是按形状分的，这是按颜色分的（课件出示）。对比两种不同的分类标准，你有什么发现？（生：总数相同，追问：那它们的结果呢）

小结：虽然它们的总数是相同的，但按不同的标准进行分类，分类的结果就会不同（课件呈现：按不同的标准进行分类，结果不同）（边说边指课件，说慢一点）。

【设计意图：这个环节注重培养学生的分析能力和综合能力。教师为学生提供充足的动手操作、独立思考的时间，让学生在一次次自主探究与合作交流中进一步感知什么是分类，按照什么标准分类，可分为几类。在数学教学中，过程比结果更为重要。此环节把枯燥的数学知识变为生动有趣的、会说话的数学知识。其原因还在于所选取的数学素材来源于学生的生活，这让学生借助已有的生活经验更好地理解教学内容。从兴趣入手，以兴趣为先导：创设了轻松的心境。针对小学生年龄偏低、抽象思维能力还相对较弱的实际情况，教师借助气球的图片让学生动手分一分，这样做到了"寓知识于娱乐，化抽象为形象，变空洞为具体"，使学生的学习具有形象性、趣味性，让学生在情境中发现数学信息，找出数学规律，渗透"生活中处处有数学"的新"数学思想"。同时，注重培养学生的口头表达能力以及学生数学语言的规范性。】

（五）课中活动

师：刚才我们通过给气球分类，学会了怎样分类与整理。现在我们一起来看看，小猪是怎样整理自己的房间的（全班一起唱童谣，边拍手边唱）。

师（过渡语）：唱得真好听！孩子们，小猪是怎样把房间整理得这么整齐的呢？（将同类物品放到一起）也就是对房间的物品进行了分类与整理。

小猪把自己的房间分类整理得这么好，相信孩子们也能用今天学到的知识帮袁老师分一分水果。

二、巩固练习

书 P.29 第 2 题。

（课件出示）看，上面有这么多水果卡片，是要我们做什么呢？

请生读题，生独立完成，集体订正。

三、全课小结

同学们，今天我们学习了分类与整理，你有什么收获？

师总结：我们今天不仅学会了如何分类，知道要先找到分类标准再进行分类。还感受了按同样的标准进行分类，分类的结果相同，按不同的标准进行分类，分类的结果就不同。然后还认识了象形统计图，（指板贴说）像这样把同类事物排成一列画出的图，叫象形统计图。

四、生活中的分类

师（过渡语）：孩子们，不仅我们今天学习的数学知识中有分类与整理，在我们的日常生活中也有很多分类的情况，谁来说一说？

师点评：（生说完后，师课件演示生活中常见的分类）同学们说得真好，我们一起来看看生活中常见的分类。垃圾分类更环保，超市的分类更容易找到商品，房间物品分类让房间更整齐，看来分类在我们生活中的作用可真大！希望同学们以后在生活中也能做一个会分类、会整理的好孩子。

【设计意图：通过分一分、看一看，培养学生的观察能力、判断能力、语言表达能力。在这个环节，学生借助集体的力量合作交流，发现不同的分类标准，为下一节课的内容做铺垫，既发挥了学生学习的主动性，又培养了学生的发散性思维。通过欣赏图片，让学生感知到分类带给我们的好处，体验数学带给我们的快乐。】

五、作业

整理自己的书包，并能根据书包里的物品进行分类。

【设计意图：利用所学的分类知识，动手操作解决生活中的实际问题，体验动手分类后成功的喜悦！】

六、板书设计

分类与整理

像这样把同类事物排成一列画出的图，叫象形统计图。

附录六 综合与实践和生活融合教学设计

课题:

制作年历。

教学目标:

（1）使学生在制作年历的数学活动过程中，巩固关于年月日的知识，从年到月再到日，掌握它们之间的内在联系。

（2）引导学生在探索年历制作方法的同时，体验年历在生活中的作用，激发学生学数学、用数学的兴趣，以及收集、整理和分析信息的能力。

（3）培养学生之间的交流借鉴、资源共享的合作意识。

教学准备：

制作的各项工具、材料。

教学过程：

一、创设情境

师：欢迎大家光临"年历制作工厂"！本厂专门制造各种精美的年历，下面我们就来欣赏一下吧！（课件出示年历）我们这里有精美的挂历、动感的台历和漂亮的整张年历。

本厂现正想聘请几位年历设计师，你们愿意参加应聘吗？

二、回忆旧知

师：要想成为合格的年历设计师，那可得先经过考验才行，你们都知道哪些有关年、月、日的知识呢？（生回答有关知识）

三、制作年历

1.整体观察年历，找出年历具有的特征

师：看来你们知道的还真不少，但要成为真正的年历设计师，还得对年历有更深入的了解。

（课件出示 2012 年年历）

师：这是我们工厂生产的 2012 年的年历，现在请大家一起来观察一下，你们都能在年历上看到什么？

（引导生观察年历的结构、每一个月的名称、哪一年的名称、年历的排版、红色的文字表示休息日……）

得出并验证年历的特点 1：每一个月的月历都是从星期日开始到星期六结束（板书：日→六）。

得出并验证年历的特点 2：前一个月的最后一天和下个月的第一天的星期几是相连的（板书：前月后一天→下月第一天相连）。

2.师生共同制作 2013 年年历

（1）制作 2013 年 1 月月历。

师：你们具备了这么多的知识，现在正式聘请你们为本工厂的年历设计师，下面我们就来一起制作 2013 年的年历。我们就从 2013 年 1 月份开始吧！要制作 1 月份的月历，我们最开始要做什么呢？

生：填写星期日到星期六（课件显示）。

师：那接下来该干什么呢？

生：写 1 月 1 日（那 1 月 1 日该从哪里开始写呢？从星期几开始写呢？你能从 2012 年的年历中找到答案吗？）（出示 2012 年年历）。

生：应该是星期二，因为 2012 年最后一天是星期一（此处可得到年历的特点 2，如此处得出，请生上讲台进行验证并板书特点 2）（课件显示 1 月 1 日在星期二的位置）。

师：那接下来该写哪些数了？到哪个数结束？（引导生说从挨着填写 2 日—31 日，强调 1 月是 31 天，写到 31 完）

（2）填写 2 月、3 月份月历。

师：1 月份的通过我们共同的努力已经填好了，那 2 月份的月历又该做怎么填呢？

（引导生自己说出先在第一排写星期日到星期六；确定 2 月 1 日是星期五，2 月从 1 号写到 28 号）（课件显示）

3 月份换一个孩子说制作过程，老师操作课件完成。

（3）填写 4—8 月月历（课件完成）。

（4）观察月历，找年历的特点。

师：现在我们再来观察一下这幅年历，请看到 8 月的月历，它的上下两个数和左右两个数有什么特征？（引导得出年历的特点 3：左右两个数相差 1；特点 4：上下两个数相差 7，并板书）

（5）生独立完成剩下的 9—12 月月历的制作，师巡视，根据各组情况及时点评。

师：你们具备了这么多的本领，现在是你们施展自己设计才能的时候了，现在请 4 人小组合作完成剩下的 4 个月的月历，要求每个孩子完成 1 个月的月历，做完以后可对年历进行美化和加工。

（如有圈出节假日和休息日的，应及时肯定并提倡其他孩子学习）

（6）反馈展示。

师：下面请各小组组长再次检查一下你们做的月历，准备派一名代表到展台上展示一下你们的作品。请各小组简单介绍一下你们制作的有什么独特的地方？其他小组同学一同欣赏，评价一下他们做得怎么样？

四、巩固练习

恢复 2012 年前 6 个月被打乱的年历的顺序。

师：要成为一个顶级的年历设计师，不但要会制作年历，还要会为别的设计师找出问题。下面这幅年历就是一个粗心的设计师不小心把顺序弄乱了，你能帮助他恢复吗？

师：该从哪里下手呢？先应该找到哪一个月呢？

我们先给它分类：出示 6 个月的整张年历，根据回答分成大小月和平月。

生：找出 2 月，因为 2 月是 29 天（将 2 月贴在年历上）。

师：找到了 2 月，那么 1 月和 3 月怎么找呢？这几个月之间有什么关系呢？你有什么好办法呢？

生：1 月和 3 月都是大月，就从 31 天的月份找。

师：31 天的这里有 3 个月，你怎么确定 1 月和 3 月呢？

生：每个月的最后一天和下个月的第一天是连着的。

师：你的发现帮了我们一个大忙，大家根据他的发现赶快找一找 1 月和 3 月吧！

（生很快找到 1 月和 3 月，并移动到大年历上）

师：从 4 月开始再找，你需要注意什么？

生：每个月的最后一天和下个月的第一天按星期几来看是连着的。

生：还要看你找的是大月还是小月。

生依次找到其他月份，并贴在大年历上。

师：通过这节课的考验，你们终于成为一名合格的年历设计师，以后你们就可以设计自己的漂亮的年历了。

五、总结年历的作用

师：大家会制作漂亮的年历了。那么，你们可以用年历来做什么呢？

生：查日期、找节日、找生日、根据年历制订学习计划……

六、畅谈收获

师：说说通过这制作日历的课，你认为你可以做一名合格的年历设计师了吗？你还有什么收获呢？

师：制好的年历，你准备做什么？（给自己用，送给朋友，送给老师）

师：通过制作，你有没有发现什么新的问题？你有没有什么任务没有完成呢？（让学生带着疑问或未完成的任务离开课堂，继续进行学习和探究）

课后反思：

"综合与实践"是提高学生问题解决能力的重要途径。教学时，教师应充分利用学生已有的生活经验，引导学生把所学的数学知识应用于实际问题，体会数学在现实生活中的应用价值。要引导学生发现问题、提出问题，特别要鼓励学生提出新的研究问题，培养学生的问题意识和创新意识。要让学生在经历问题解决的过程中，不断积累数学活动经验，体会一些重要的数学思想与方法。切实提高解决实际问题的能力。

附录七　综合与实践和生活融合教学设计

课题：

点阵中的规律。

教材内容：

北师大版《数学》五年级上册 P.82 "点阵中的规律"。

教学目标：

（1）结合具体的图形，明确什么是"点阵"。

（2）能在具体的观察活动中，发现点阵中隐含的规律，体会到图形与数的联系。

（3）发展归纳与概括的能力。

（4）了解数学发展的历史，感受数学文化的魅力。

教学重点：

直观感知"点阵"的有序排列。

教学难点：

发现"点阵"中隐含的规律，体会图形与数的联系。

教具准备：

题单、多媒体课件等。

课时安排：

1课时。

教学方法及手段：

教师借助多媒体教学手段进行教学，采用操作法、观察法、问题讨论法、探究和研讨教学法、自主合作探究等方法，让学生在自主探究、猜测验证、合作交流中学习。

内容分析：

学生在前面已认识了一些简单的平面图形，学会了长、正方形、三角形、梯形等图形面积的计算，并有一些初步找数列规律的基础。本节课正是基于以上知识的延伸和拓展，从图形到数，利用观察、比较、转化等数学思想来探究点阵中隐含的规律，发展学生的归纳和概括能力，为以后的数学学习打下坚实的基础。

习题设计：

1.共有几个点，试着分一分。

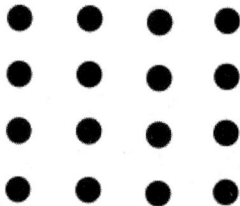

2. 请试着拐弯划分。

3. 观察下列点阵，并在括号中填上适当的算式。

（1×2）　　　（　　）　　　　　（　　）　　　　　　（　　）

4. 分一分，写出算式，并试着画第五图。

_____

教学过程：

一、播放视频，引入课题

1. 同学们，今天老师给你们带来了一段精彩的录像，请欣赏（课件出示北京奥运会开幕式片段）

这是什么时候的场景？让我们一起穿越时空回到 2008 年 8 月 8 日的那一刻，一起倒数 5，4，3，2，1。2 008 位乐手，2 008 个点，有规律地闪动着明灭不定的缶面。这 2 008 个点就组成了一个图形。

2. 由点组成的图形还有很多（课件出现点阵）

像这些由点组成的图形，在数学上称为点阵。

2000 多年前，希腊数学家就已经利用点阵直观地研究数的规律。

今天我们就来找一找点阵中的规律（出示课题：点阵中的规律）。

【设计意图：以奥运会开幕式击缶表演的壮观场景为情境引入，使学生的兴

趣倍增，在运用时让学生欣赏生活中的点阵，感受生活的美。】

二、操作感知，自主探究

1. 操作感知不同画法（课件出示 4×4 的点阵）

（1）这个点阵图有几个点？你怎么看的？按你的想法到点阵图中分一分。

（2）展示学生所画的（可能有横分、竖分和斜分 3 种）。

2. 教学横分，探究规律

（1）

这组点阵图我们就横着划分，分别用怎样的算式表示？

（1×1　　2×2　　3×3　　4×4）

（2）想一想，按这样排列，第五个点阵图用怎样的算式表示？

如是第 8 个呢？第 10 个呢？第 N 个呢？

师：能这么快地判断，你发现了什么？

（3）引导小结：通过横着划分，发现是第几个图就是几乘几？

（课件出示竖分）

（4）这组点阵图也可用孩子们竖着划分的方法，得到的规律是一样的。

【设计意图：由于学生的生活背景、数学知识、能力和思考问题的角度不同，在探索数学问题时，必然会出现多种不同的思考方法。鼓励学生从多角度去思考问题和解决问题。】

3. 教学斜分，探究规律

（1）想一想，除了横着和竖着划分，还可以怎么划分？

（2）用不同颜色的笔，在图上斜着分一分，请学生上台展示。

（3）课件展示斜分，并探究规律。

①第一个点阵 1 个点，第二个点阵这样斜着看（课件闪动）用算式怎么表示？

这 3 个数分别表示什么？

②第三个点阵又用怎样的算式表示? 第四个呢? 第五个呢?

③斜着分写出的这些算式, 又有怎样的规律? 把你的发现在小组内说一说。

④全班交流, 发现规律。

⑤你能把这些规律完整地说一说吗?

小结: 是第几个图, 就从一开始加几个连续的自然数, 再依次少一地加回到1。

4. 横分与斜分对比, 探究算式之间的联系(课件出示第一图及对应算式, 再出现第二个图及对应算式)

(1)通过斜着划分写出了相应的算式, 横着划分也写出了相应的算式, 这两边的算式又有怎样的联系呢?

(2)引导学生发现不同加数转化为相同加数的方法, 再小结: 加法算式中最大是几, 就是几乘几。

(3)练习:

$1+2+3+4+5+6+7+6+5+4+3+2+1=$

$1+2+3+4+5+6+7+8+7+6+5+4+3+2+1=$

$1+2+3+4+5+6+\cdots+50+\cdots+6+5+4+3+2+1=$

这样的加法算式, 请学生用乘法表示, 再订正"你是怎么看的"。

小结: 以后遇到这样的加法算式, 都可以找中间的数是几就是几乘几。

5. 教学拐弯划分, 探究规律

(1)介绍拐弯划分。

除了横着、竖着和斜着划分, 我们还可以拐弯划分(课件出示拐弯第一个划分过程)。

划分中的这个点我们看成第一层(课件闪第一层的面)。

(2)学生尝试拐弯划出后面几层, 并展示。

(3)学生画出第五层的点。

(4)根据划分写算式。

①第一层1个点就是1=1, 第一层和第二层共有几个点, 算式怎么表示?

3层呢, 共有几个点? 算式怎么表示? 4层呢? 5层呢? 请用算式表示? (课件随学生回答出示算式)

②指着第四个算式中的 3，9，提问"表示什么"。

（5）小组讨论加法算式的规律。

引导小结：有几层就从一开始加几个连续的奇数。

【设计意图：教学中充分体现了"数形结合"的思想。学生在找规律的过程中，把点阵中点子的数量与正方形的面积计算联系起来，这种联想，对找到解决问题的突破口是非常有利的。因此，在教学中有意识地渗透这种思想，对提高学生解决问题的能力有较大的帮助。】

6. 拐弯与横分对比，探究算式之间的联系（课件出示第一图及对应算式，再出现第二个图及对应算式）

（1）通过拐弯划分写出了相应的算式，横着划分也写出了相应的算式，这两边的算式又有怎样的联系？

引导学生得出：

①最大数和最小数中间的数是几，就是几乘几。

②有几个连续的奇数相加，就是几乘几。

（2）练习：

1+3+5+7+9+11=

1+3+5+7+9+11+13=

1+3+5+7+9+11+…+97+99=

这样的加法算式请用乘法来计算，再订正"你是怎么想的"。

小结：以后遇到这样的加法算式，我们就可以数它的个数或找中间的数，用乘法算式来计算。

7. 沟通 3 种划分及算式之间的联系

这同一个点阵图，我们通过横、斜和拐弯 3 种划分方法，发现它们都能用相应的算式来表示它们的点子数，并找到了算式之间的联系。这样的两种加法算式都可用这样的乘法算式来计算。

三、练习巩固，延伸提高

下面用你喜欢的方法来解决问题。

1. 教材 P.83 第一题：观察下列点阵，并在括号中填上适当的算式（课件）

（1）仔细看看这组图和你写的算式有什么规律。

（2）根据你发现的规律，第五个图你打算怎么画。

2. 教材 P.83 第二题

（1）通过划分，写出相应的算式，找到点阵中规律，画出下一个图。

（2）独立画，全班交流，横、竖、斜算式都一样。

3. 联系生活，实际应用

（1）出示一些生活中用到点阵的图片。

生活中还有很多地方都用到了点阵（课件出示）。

（2）张艺谋导演在策划北京奥运会开幕式时也用到了点阵的知识（课件出示）。

①当缶亮成三角形时，最外层有几个缶？下一层呢？

②我们再回到倒计时，请你帮张导算算"1"这个点阵要多少面缶？

【设计意图：最后又回到击缶表演这个点阵中，让学生运用规律策划各种造型需要多少面缶，学生获得的成就感和学好数学的自信心是用语言无法形容的。】

四、课末聚焦，总结反思

（1）今天学习了点阵中的规律，你有什么收获？

（2）今天我们通过观察、比较、转化等方法，探究了点阵中的规律。老师希望你们把这些方法用到今后的学习中。

课后反思：

"点阵中的规律"是一节综合实践活动课。这一教学活动是在教师的引导下，学生通过观察和比较，自主探索，合作交流，发现图形中点的变化情况，进而推导出后续图形点的数量。

纵观本节课的教学，我认为有以下 5 点值得提倡：

1. 激发兴趣

开课时，用北京奥运会开幕式引入就是要吸引学生，激发学生学习的兴趣。

2. 尊重学生

学生是学习的主人。在教学中，力求做到尊重学生，从学生已有经验出发，用学生的划分方法来解决本节课的划分问题。

3. 预设到位

在本节课教学之前，就对各部分内容进行了充分的预设，抓住重点。

横斜对比：通过转化的思想，发现加法算式中间最大的数是几就是几乘几。

斜着划分：是第几个图就从一开始加几个连续的自然数，再每次少一地加回到一。

拐弯划分：有几层就从一开始加几个连续的奇数。

横拐对比：通过转化的思想，发现中间的数是几就几乘几，有几个从一开始的连续的奇数相加就是几乘几。

有了充分的预设才有大胆放手，让学生去观察、比较，归纳出各个环节的规律。

4. 搭建平台

为学生搭建探索问题的平台，鼓励学生探索和交流。从课堂教学中可以看到，在教学"点阵中的规律"中，当学生明确任务后探索点阵中的规律时，教师只是为学生提供了探索的素材。从本节课的课堂中可以看到，点阵中的规律是由学生通过观察、比较而自己归纳、总结出来的。为此，在实际教学中，我们应不遗余力地为学生搭建探索问题的平台，并鼓励学生积极探索和交流。

5. 数学来源于生活还是要回到生活中

出示生活中的图片，就是要让学生明白，就像一个女生说的：我们学习点阵中的规律是可以用来解决生活中的问题的。

在教学最后谈到收获时，一个男生"在学习点阵中的规律以前，我给了它一个问号，但现在我可以把这个问号拿掉了"的这句话真实地反映出本节课的教学是成功的。但本节课也有不足的地方，就是对学生的评价太单一，在今后的教学中应注意评价的方式和方法。

参考文献

［1］张华.走向生活　走向创造［J］.中小学管理，2017（12）：1.

［2］董文英.生活化教学应用于小学数学课堂中策略浅谈［J］.课程教育研究，2020（40）：37-38.

［3］人民教育出版社，课程教材研究所，小学数学课程教材研究开发中心.义务教育教科书教师教学用书［M］.北京：人民教育出版社，2011.

［4］马云鹏.小学数学教学论［M］.北京：人民教育出版社，2013.

［5］吴信钰.小学数学教学联系生活策略的研究［D］.长春：东北师范大学，2011.

［6］张大均.教育心理学［M］.2版.北京：人民教育出版社，2011.

［7］毛志峰.问题导向学习［D］.上海：华东师范大学，2016.